11」から「11・3」へ

Contents

ついに

日本一晴れ

優勝パレード 沿道に21万人の笑顔

2013.11.24 仙台市東二番丁通

東北楽天の日本一を祝う優勝パレードが11月24日の日曜日、仙台市中心部の東二番丁通で行われた。星野仙一監督と1、2軍の選手ら約100人が参加し、オープンカーやオープンバス計10台に分乗。仙台商工会議所を午前11時にスタートして、五ツ橋交差点までの約1.5㌔を40分かけて凱旋《がいせん》した。青空がくっきりとのぞく爽やかな秋晴れの下、21万4千人（主催者発表）が沿道を埋め、V1戦士と喜びを分かち合った。

澄んだ青空の下で行われた優勝パレード

星野監督らを間近にしてシャッターを押す市民ら

バスの上から沿道のファンに手を振る田中投手

あっぱれ楽天

V1戦士たちを一目見ようと、約21万人ものファンが集まった(仙台市青葉区の東二番丁通)

50年ぶりの新球団
どん底から頂点へ

東北楽天は球界再編問題を経て、12球団代表らによる実行委員会とオーナー会議が2004年11月2日、パ・リーグ参入を承認、プロ野球50年ぶりの新球団として誕生した。話題性は高かったが、道は険しかった。

オリックスと近鉄の合併球団のプロテクト(優先保有)から外れたメンバーでスタートした。04年の秋季練習では「寄せ集め集団」と言われ、背番号もない真っ白なユニホーム姿は「高校球児みたい」と揶揄《やゆ》された。

05年は開幕戦に3－1で勝ったが、翌日は0－26の記録的大敗。38勝97敗1分けで最下位に沈み、首位とは51・5ゲーム差、5位にも25ゲーム差をつけられ、田尾安志監督は1年限りで解任された。

06～09年は野村克也監督が指揮を執り、最終年に2位で初のクライマックスシリーズ出場を果たした。しかし、10年はマーティー・ブラウン監督の下で最下位とまた低迷。4代目星野仙一監督就任1年目の11年に、東日本大震災が起きた。勝ち越したシーズンは昨年まで09年の1度だけだった。どん底から9年目、一気に頂点へ上り詰めた。

東北楽天のレギュラーシーズン年度別成績

年	勝	負	分	順位	差	監督
2005	38	97	1	6位	51.5	田　尾
06	47	85	4	6位	33.0	野　村
07	67	75	2	4位	13.5	〃
08	65	76	3	5位	11.5	〃
09	77	66	1	2位	5.5	〃
10	62	79	3	6位	15.0	ブラウン
11	66	71	7	5位	23.5	星　野
12	67	67	10	4位	7.5	〃
13	82	59	3	優勝☆	――	〃

(注)差は首位とのゲーム差、☆は日本シリーズ優勝

記念撮影？
バスの上でポーズを取る長谷部投手（中央）ら

イヌワシ軍団 凱旋

待つのも楽し
前日から寝袋持参で場所取りするファン（11 月 23 日午後 9 時 30 分ごろ、仙台市青葉区五橋）

いざ出陣
出発式のテープカットを前にあいさつする星野監督（仙台商工会議所前）

準備万端
明け方までフェンスの設営作業に追われた運営スタッフ（11 月 24 日午前 6 時）

歓声がこだました

七夕まつり？
お目当ての選手を一目見ようと商店街のアーケードは奥までファンでぎっしり

笑顔はじけて
震災の被災地、宮城県南三陸町などからも応援部隊が駆けつけた

見えるかな
小さな子も肩車されてパレード見物

きょうはイーグルス日和

こっちも向いて
駐車場の上から手を振るファン

ジャンボかまぼこ
かまぼこ店では星野監督の背番号にちなみ、7.7㌔の笹かまぼこを展示

にっこり
こちらは笑顔の斎藤投手ら

魂の応援団!
思い思いの格好、思い思いの言葉で声援

人があふれ

背を向けて
スムーズに進行するよう、ファンの整理に当たるスタッフ。ご苦労さま

目が合った?
ヒーローたちを目の前にして大喜び

の瞬間　V1戦士 歓喜の輪

1

2

3

4

9年目のストライク！

プロ野球のコナミ日本シリーズ２０１３は11月3日、仙台市宮城野区の日本製紙クリネックススタジアム宮城（Kスタ宮城）で第７戦が行われ、パ・リーグ覇者の東北楽天が、セ・リーグ優勝の巨人に３－０で快勝。対戦成績を４勝３敗とし、創設９年目で初の日本一に輝いた。先発の美馬学投手は６回を１安打無失点。九回に登場した田中将大投手が、最後の打者を空振り三振に仕留め、日本一を決めた。

2013年11月3日 午後9時50分 日本一

◇日本シリーズ年度別成績表

年度	勝者	勝　敗	敗者
1950	毎日	○○●●○○	松竹
51	巨人	○○○●○	南海
52	巨人	○○●○●○	南海
53	巨人	●○△○○●○	南海
54	中日	○○●●○●○	西鉄
55	巨人	○●●●○○○	南海
56	西鉄	●○○○●○	巨人
57	西鉄	○○○△○	巨人
58	西鉄	●●●○○○○	巨人
59	南海	○○○○	巨人
60	大洋	○○○○	大毎
61	巨人	●○○○●○	南海
62	東映	●●△○○○○	阪神
63	巨人	●○○●○●○	西鉄
64	南海	○●●○●○○	阪神
65	巨人	○○○●○	南海
66	巨人	○●○○●○	南海
67	巨人	○○○●●○	阪急
68	巨人	●○○○●○	阪急
69	巨人	○●○○●○	阪急
70	巨人	○○○●○	ロッテ
71	巨人	○●○○○	阪急
72	巨人	○○●○○	阪急
73	巨人	●○○○○	南海
74	ロッテ	●○●○○○	中日
75	阪急	△○○△○○	広島
76	阪急	○○○●●●○	巨人
77	阪急	○○●○○	巨人
78	ヤクルト	●○●○○●○	阪急
79	広島	●●○○○●○	近鉄
80	広島	●●○○●○○	近鉄
81	巨人	●○●○○○	日本ハム
82	西武	○○●●○○	中日
83	西武	○●●○●○○	巨人
84	広島	○●○○●●○	阪急
85	阪神	○○●●○○	西武
86	西武	△●●●○○○○	広島
87	西武	●○○●○○	巨人
88	西武	○●○○○	中日
89	巨人	●●●○○○○	近鉄
90	西武	○○○○	巨人
91	西武	○●○●●○○	広島
92	西武	●○○○●●○	ヤクルト
93	ヤクルト	○○●○●●○	西武
94	巨人	●○○●○○	西武
95	ヤクルト	○○○●○	オリックス
96	オリックス	○○○●○	巨人
97	ヤクルト	○●○○○	西武
98	横浜	○○●●○○	西武
99	ダイエー	○●○○○	中日
2000	巨人	●●○○○○	ダイエー
01	ヤクルト	○●○○○	近鉄
02	巨人	○○○○	西武
03	ダイエー	○○●●●○○	阪神
04	西武	○●○●●○○	中日
05	ロッテ	○○○○	阪神
06	日本ハム	●○○○○	中日
07	中日	●○○○○	日本ハム
08	西武	○●●○●○○	巨人
09	巨人	○●○●○○	日本ハム
10	ロッテ	○●○●○△○	中日
11	ソフトバンク	●●○○○●○	中日
12	巨人	○○●●○○	日本ハム
13	東北楽天	●○○●○●○	巨人

◇球団別優勝回数

巨人	22
西武	13
ヤクルト	5
ソフトバンク	5
オリックス	4
ロッテ	4
広島	3
横浜	2
日本ハム	2
中日	2
阪神	1
東北楽天	1

(注)西武は西鉄、ソフトバンクは南海とダイエー、オリックスは阪急、ロッテは毎日、横浜は大洋、日本ハムは東映をそれぞれ含む

ありがとう!

日本シリーズを制し、球場内を
行進する東北楽天の選手

スタンドのファンにあいさつする
地元・仙台市出身の斎藤投手

星野監督と抱き合う
ジョーンズ選手

選手とファン 一つになって

スタンドのファンとともに
万歳する楽天選手たち

おめでとう！そして イーグルスの夜

優勝旗を持ってグラウンドを一周する銀次選手、岡島選手ら

ファンの歓声に応えるV1戦士

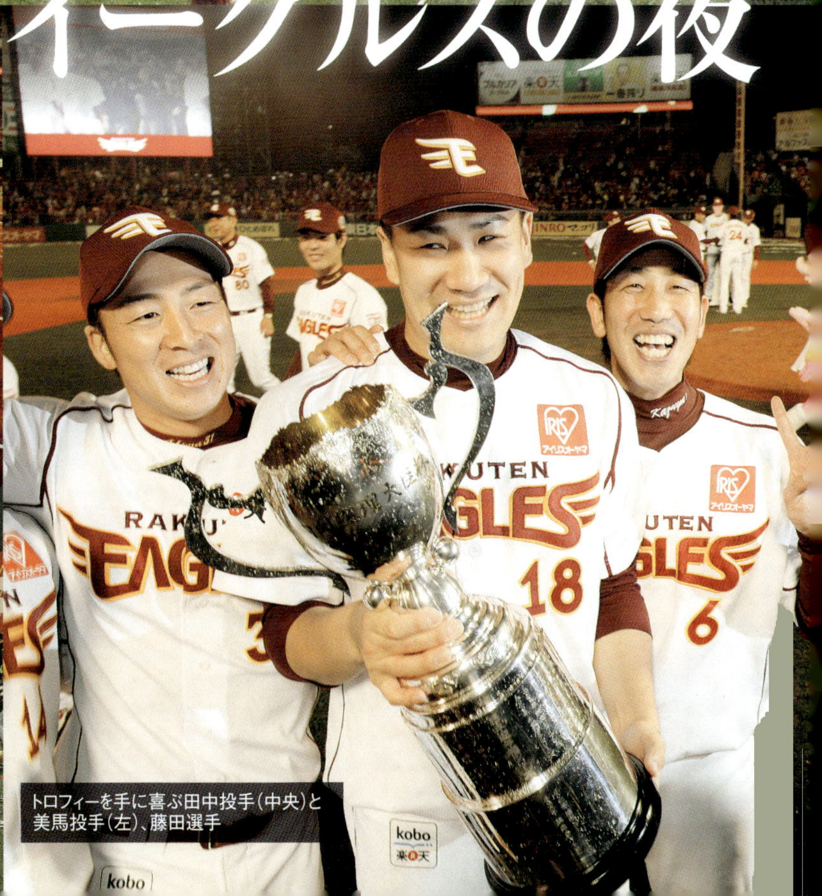

トロフィーを手に喜ぶ田中投手（中央）と美馬投手（左）、藤田選手

感動

「初制覇　ありがとう星野監督」の横断幕を掲げ、初の日本一を祝うスタンドのファン（Ｋスタ宮城）

大喜びでハイタッチし合うファンら（仙台市青葉区のJR 仙台駅西口）

四回の追加点に盛り上がる（仙台市青葉区のクリスロード商店街）

声をからして声援する東北楽天ファン

感激

「東北楽天 日本一　最終戦 巨人下す」の大見出しで快挙を伝える号外。午後 11 時ごろから、仙台市青葉区の JR 仙台駅前で配られた

街で球場で被災地で

笑顔と歓喜と万歳と

優勝が決まり、歓声を上げて喜ぶファン
（仙台市青葉区のクリスロード商店街）

被災地でも、テレビ観戦しながら日本一を万歳で喜び合った
（仙台市太白区のあすと長町仮設住宅）

感涙

威勢よく酒樽を割り、日本一を祝う市民
（JR 仙台駅東口の酒店）

東北楽天が日本一を決め、万歳して喜ぶファン
（石巻市中央２丁目のみやぎ生協文化会館アイトピアホール）

感謝

日本一翌日の 11 月４日、早速セール品や「お楽しみ袋」のコーナーができ、
朝早くから大勢の買い物客でにぎわった（仙台市青葉区の百貨店）

「1001 の輝き」。ルビーにダイヤをちりばめた
１個限定の指輪。星野監督にちなみ 1001 万円
で販売されると、セール翌日には売れた

何度やってもこたえられないこの気持ち

祝勝会は試合終了後の11月3日午後11時20分ごろから、日本製紙クリネックススタジアム宮城（Kスタ宮城、仙台市宮城野区）の室内練習場近くの特設テントで行われた。星野仙一監督や田中将大投手、藤田一也内野手らが壇上に上がり、バットで樽酒の鏡開き。乾杯の音頭で松井稼頭央内野手が「みなさん、日本一です。寒いが風邪をひかないように」と気勢を上げると、選手たちは歓声とともに祝いの酒をかけ合った。

ひくなよ!

念願のVに酔う 歓喜のビールかけ

選手・関係者ひと言

被災地に勇気与えた 褒めてやって

東北楽天・星野仙一監督の話

最高。東北の子どもたち、全国の子どもたち、被災地の皆さんに勇気を与えた選手を、褒めてやってほしい。最後は田中がどうしてもいくというから。最後はやはり、あいつがふさわしいだろうと思った。

選手 全力で戦ってくれた

巨人・原辰徳監督の話

力を出し切って、こういう結果になった。向こうの先発投手を打ちあぐねてしまい、主導権を握ることはできなかった。結果的に日本一を譲ったが、選手たちは全体的に粘りの中で、全力で戦ってくれた。

斎藤隆投手

(地元での日本一に)全然実感が湧かなかった。(時間がたてば)もっとじわじわくるのかなと思う。東北の皆さんが楽天のために、いろいろな思いを込めて応援してくれた。熱いものがある。

アンドリュー・ジョーンズ外野手

全てが本当にタフなゲームだった。巨人という昨年の覇者を倒して、日本一になれたことは最高だ。

ケーシー・マギー内野手

手ごわい巨人を相手に優勝できてうれしい。巨人には敬意を表する。(自分の成績以上に)何よりチームが勝つことができて良かった。

小山伸一郎投手

いろいろありましたけど良かった。この場所に居られたことが最高。

枡田慎太郎内野手

日本一の場に居られたのはすごいことだし、人生一番の思い出。この経験をこれからに生かしたい。

最高のタイミング

元東北楽天監督・野村克也氏の話

日本一、おめでとう。球団創設から9年目、そろそろ勝たなければいけない、しかも大震災から2年で、最高のタイミングだった。最も温かい仙台のファンが見守る本拠地で、しかもマー君(田中)が胴上げ投手になった。この起用は昔かたぎの星野監督ならではの芸当とも言えるが、良かったんじゃないか。

被災地からの声

宮城県山元町少年野球連盟会長
野口嘉一さん

野球の東北の、そして楽天の「底力」を見せてもらった。ありがとう。津波で損壊した楽天イーグルス牛橋公園野球場は修復が進んでいる。再開後は球団関係者とともに祝いたい。子どもたちは、日本一のチーム名が付いた球場でのプレーを楽しみにしている。

東北楽天日本一 天下取った

闘将4度目で悲願 宿敵〝G倒〟男泣き

日本一を決め岡島選手と抱き合って喜ぶ星野監督

「被災地へ希望の光となる」

日本シリーズは、星野仙一監督にとり中日、阪神で計3度出場し、全てはね返された大きな壁だった。そして東北の地で宿敵巨人を破っての初栄冠。万感の思いに指揮官は男泣きした。

―・―・―・―・―

ゲームセットの瞬間、星野監督はグラウンドにゆっくりと足を進めた。マウンド上に集まった選手の歓喜の輪の中で、仙台の夜空に9度舞った。

監督として通算16年目。日本一は一度もなかった。「短期決戦に弱い指揮官」と言われもしたが、これまでは「日本シリーズは長いペナントレースのご褒美のようなもの。（負けても）気にしていないよ」と意に介さなかった。

今回は違う。初めてパ・リーグの指揮を執り、3年目でのリーグ制覇。クライマックスシリーズ（CS）を突破し、迎えた日本シリーズの相手が巨人だった。「永遠のライバル」を相手に燃えないわけがなかった。日本シリーズ前に「ソフトバンクや西武に比べたら、巨人打線のレベルは中くらい。自信を持て」と投手陣を鼓舞した。

もう一つ、頂点を目指さなければならない理由がある。2011年の東日本大震災での被災者への誓いだ。「勝って希望の光となる」。あの日から忘れずに持ち続けた信念が、日本一への意欲を一層高めた。

「今まで誰も楽天が勝つとは考えていなかっただろう。Bクラスがほとんどのチームで、震災もあった。でもな、そういう（困難に直面した）チームだから、勝てば、復興途上にある人たちに勇気を与えられるんだ」と信じた。

監督の思いが伝わったかのように、日本シリーズでは選手が死力を尽くした。第2戦は手塩に育てた銀次が先制打。第5戦の藤田の涙には指揮官ももらい泣きした。

第6戦はエース田中が今季初黒星を喫したが、9回160球の熱投で意地を見せた。試合後には選手に「（第7戦に勝って）どうせなら、うれし涙を流させてくれよ」と訴え、最終戦に先発した美馬が第3戦に続く力投で頂点に導いてくれた。

お立ち台に立った背番号77。待ち受けていたのは大歓声だった。「優し過ぎる」とあえて苦言を呈しもしたが、東北のファンの熱烈な歓迎が心地よかった。「東北を熱くする」。就任時の闘将の宣言は、ついに現実となった。

祝勝会のビールかけで美酒に酔う星野監督

◇日本シリーズ監督優勝回数

11	川上 哲治	（巨人）
6	森 祇晶	（西武）
5	水原 茂	（巨人4、東映）
4	三原 脩	（西鉄3、大洋）
3	上田 利治	（阪急）
3	広岡 達朗	（ヤクルト、西武2）
3	古葉 竹識	（広島）
3	野村 克也	（ヤクルト）
3	原 辰徳	（巨人）
2	鶴岡 一人	（南海）
2	藤田 元司	（巨人）
2	長嶋 茂雄	（巨人）
2	王 貞治	（ダイエー）
1	湯浅 禎夫	（毎日）
1	天知 俊一	（中日）
1	金田 正一	（ロッテ）
1	吉田 義男	（阪神）
1	仰木 彬	（オリックス）
1	権藤 博	（横浜）
1	若松 勉	（ヤクルト）
1	伊東 勤	（西武）
1	バレンタイン	（ロッテ）
1	ヒルマン	（日本ハム）
1	落合 博満	（中日）
1	渡辺 久信	（西武）
1	西村 徳文	（ロッテ）
1	秋山 幸二	（ソフトバンク）
1	星野 仙一	（東北楽天）

東北に勇気と希望を

岩手・普代村出身 銀次内野手(25)手記

監督に感謝 来季は首位打者・連続日本一目指す

こんなに多くのファンが応援してくれる中で日本一を決められて、最高の気分です。日本シリーズはなかなか経験できない舞台です。テレビで見ていた小学生のころを考えると、自分が3番打者で出場しているのは想像できませんでしたし、本当に幸せです。

多くのファンの前で日本一を決め「最高の気分」と語った東北楽天・銀次内野手（11月3日、Kスタ宮城）

PROFILE

銀次
（赤見内銀次 あかみない・ぎんじ）

岩手・盛岡中央高から2006年に高校生ドラフト3巡目で捕手として入団。10年から内野手。今季は131試合に出場し打率3割1分7厘、4本塁打、54打点。通算成績は281試合で打率2割9分5厘、8本塁打、105打点。岩手県普代村出身。家族は妻と6月に生まれた長男虎次郎君。25歳。

緊張感はクライマックスシリーズの方がありました。勝って当たり前というか、負けたら優勝したペナントレースが無駄になってしまうと必死でした。それに比べると、日本シリーズは挑戦者として、攻めていく気持ちだけ。楽しんでプレーできました。しかも相手は子どものころから好きだった巨人。憧れの高橋由伸さんと戦えたのはうれしかったです。

印象に残っているのが第2戦のタイムリー。狙い通りに打てた一打でした。第5戦の延長十回に打った決勝のタイムリーも会心でした。藤田さんの死球で、みんな燃えていましたから。

◇　◇　◇　◇

今、レギュラーとして充実した毎日を送っていますが、入団したころを考えると夢のようです。試合に出られず、入団4年目のころには、このまま1軍に昇格できずに終わるのかなと思ったこともありました。でも、決して長くはないプロ野球人生を悔いなくやろうと考え直し、必死にバットを振り続けました。

そうしているうちに星野監督が就任し、実績のない自分を我慢強く使ってくれました。星野監督でなかったら、今の自分はないと思いますし、プレーで恩返ししたいという気持ちは、強く持っていました。監督は「打倒巨人」と言いますが、僕たち選手も同じ気持ち。強い巨人を倒せて、本当に気持ち良かったです。

◇　◇　◇　◇

岩手で生まれ、仙台の球団の選手として、忘れてはいけないのが、2011年に起きた東日本大震災です。このチームの使命は被災者に勇気や希望を届けること。東北で生まれ育った自分が、そのことを一番強く意識し、実践していかなければならないと思っています。

最近は被災地の方々から「ありがとう」とよく言われます。それは、とても大きな励みになっていますし、より一層、やってやろうという気になります。日本一は、被災された方を含め、ずっと応援してくれたファンの方々、そして、野球に打ち込める環境をつくってくれた妻への恩返し。本当に感謝の気持ちでいっぱいです。

今季の打率は3割を超えましたが、打撃に完成はないと思っています。練習を重ねて、もっとうまくなります。プロ野球選手である以上、タイトルをとりたいです。来季は首位打者と連続日本一を狙います。

銀次内野手の直筆サインとメッセージ

10.26 楽天 EAGLES 0 − 2 巨人 GIANTS

8回2失点の好投が報われなかった東北楽天先発の則本

第1戦

東北楽天 初戦落とす

則本の好投実らず

東北楽天—巨人第1戦（巨人1勝、18時35分、Kスタ宮城、25,209人）

	1	2	3	4	5	6	7	8	9	計
巨人	0	0	0	0	1	0	0	1	0	2
東北楽天	0	0	0	0	0	0	0	0	0	0

勝内海1試合1勝
S西村1試合1S
敗則本1試合1敗
本村田1号①（則本）

12残塁 攻め切れず

東北楽天は9安打を放ちながら12残塁と攻め切れず、零封負けを喫した。三回2死一、二塁の先制機を生かせず、五～九回は毎回得点圏に走者を送ったが、一打が出なかった。先発則本は8回4安打2失点、10奪三振と好投したが、援護できなかった。

巨人は先発内海が6回を無失点でしのぎ、以降は3投手の継投が決まった。打線は五回に長野の適時打で先制し、八回に村田のソロで加点した。

イヌワシ ろっかーるーむ

マギー内野手

零敗に

好機が何度かあったが、点が入らなかった。やっぱり内海は素晴らしい投手だと感じた

佐藤義則投手コーチ

則本に

悪くはなかった。五回は（失策の）銀次を助けてほしかった。本塁打はいただけないけど（被安打）4本だからね。踏ん張った

❶巨人	打	安	点	振	球	本	打率	1	2	3	4	5	6	7	8	9
(右)長野	4	1	1	1	0		.250	右飛	…	三振	…	右安	…	二ゴ	…	…
(二)寺内	4	0	0	0	0		.000	捕邪	…	一飛	…	捕邪	…	…	左飛	…
(捕)阿部	2	0	0	2	2		.000	死球	…	三振	…	四球	…	…	三振	…
(三)村田	4	1	1	2	0	❶	.250	中飛	…	…	三振	三振	…	…	右本	…
(指)高橋由	4	0	0	2	0		.000	…	三振	…	三振	…	遊ゴ	…	左飛	…
(一)ロペス	4	0	0	0	0		.000	…	三ゴ	…	二飛	…	捕邪	…	…	左飛
(遊)坂本	4	1	0	1	0		.250	…	中安	…	…	一失	三振	…	…	三ゴ
(左)亀井	3	1	0	1	1		.333	…	四球	…	…	左2	…	三振	…	二ゴ
(中)橋本	3	0	0	1	0		.000	…	一ゴ	…	…	二ゴ	…	三振	…	…
犠盗失併残 00116	32	4	2	10	3		.125									

東北楽天	打	安	点	振	球	本	打率	1	2	3	4	5	6	7	8	9
(右)岡島	4	0	0	0	1		.000	二ゴ	…	中飛	…	左飛	…	四球	…	遊失
(二)藤田	5	2	0	1	0		.400	投ゴ	…	投安	…	…	中安	三振	…	遊ゴ
走森山	0	0	0	0	0		——	…	…	…	…	…	…	…	…	…
(一)銀次	5	0	0	0	0		.000	一ゴ	…	二ゴ	…	…	一ゴ	…	二ゴ	二ゴ
(指)ジョーンズ	3	1	0	1	1		.333	…	四球	…	左安	…	三振	…	中飛	…
(三)マギー	3	1	0	0	1		.333	…	一邪	…	一飛	…	四球	…	中安	…
(左)枡田	2	0	0	1	0		.000	…	三振	…	二併	…	…	…	…	…
打左中島	1	0	0	0	0		.000	…	…	…	…	…	右飛	…	…	…
打左牧田	1	1	0	0	0		1.00	…	…	…	…	…	…	…	右安	…
(遊)松井	3	1	0	1	1		.333	…	三振	…	…	遊安	…	四球	左飛	…
(捕)嶋	3	2	0	0	0		.667	…	…	二直	…	遊安	…	投ギ	…	二安
(中)聖沢	3	1	0	2	0		.333	…	…	左安	…	三ギ	…	三振	…	三振
犠盗失併残 201012	33	9	0	6	4		.273									

二亀井ギ嶋、聖沢失寺内、銀次
時3時間20分

投手	回	打	投	安	振	球	失	責	防御率
○内海	6	24	85	6	3	2	0	0	0.00
Hマシソン	1	5	26	0	2	2	0	0	0.00
H山口	1	5	25	2	0	0	0	0	0.00
S西村	1	5	26	1	1	0	0	0	0.00
●則本	8	32	124	4	10	3	2	2	2.25
小山伸	⅔	2	9	0	0	0	0	0	0.00
ハウザー	⅓	1	1	0	0	0	0	0	0.00

（注）Hはホールド

五回巨人無死二、三塁、橋本の二ゴロで三走坂本が本塁を狙うが、ショートバウンドの送球を好捕した嶋がアウトにする

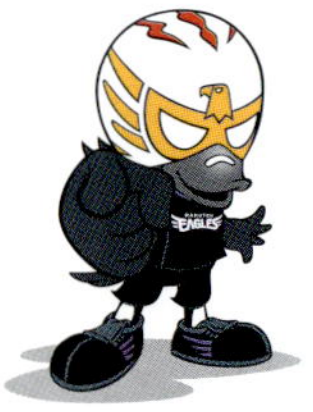

好機見逃し無得点

スタンドで「日本一を東北に!」と書かれた横断幕を掲げ、熱心に応援する大勢のファン

七回東北楽天2死一、二塁、好機で三振に倒れる藤田

チャンスにあと一本が出ず、ベンチで渋い顔の星野監督

東北で初めて開催された日本シリーズ。Kスタ宮城には2万5000人を超す観衆が詰め掛け、ヒートアップした

六回東北楽天2死一、二塁、右飛に倒れ、悔しがる代打中島

八回巨人2死、村田に右越え本塁打を浴びて、ぼう然とする則本

初舞台で堂々 則本10奪三振

１２４球の力投は報われなかった。則本は強力打線相手に８回４安打２失点。大舞台でも投げっぷりの良さを披露したものの「負けたら一緒」と強い口調で語った。

五回に先制を許した。銀次の失策と亀井の二塁打で無死二、三塁のピンチ。橋本の二ゴロで三走に本塁を突かれたが、嶋が好ブロックで生還を阻止した。だが、続く長野に右前へ運ばれた。

１ボール２ストライクから、外角に外した直球に食らいつかれた。外角に強いというデータはあっただけに「注意していたところをやられた」。嶋は「あのコースに投げて、ボテボテのヒットにされるのを怖がっていたら配球なんかできない」と振り返った。

１失点で踏ん張り迎えた八回。阿部から10個目の三振を奪った直後、村田への初球が甘かった。高めに入った直球を右翼席最前列に運ばれた。則本は「あの1点がなければ八、九回の（味方の）攻撃は変わっていたかもしれない」と悔やんだ。

ＣＳファイナルステージ第２戦で９回１２５球を投げ、救援登板した第４戦から中４日。体力的にきついはずだが、そんなそぶりはみじんも感じさせなかった。内角を果敢に突き、シーズン中はあまり見せなかったフォークボールもさえた。新人が初戦で先発するのは、１９５０年に大島信雄（松竹）、52年に大神武俊（南海）が起用されて以来、３人目。抜てきに応える投球内容だったことは間違いない。

「負けはしたけど、嫌なイメージは与えられたと思う」。次の登板へ力強い言葉で締めくくった。

10.27 楽天 EAGLES 2 — 1 巨人 GIANTS

第2戦

東北楽天雪辱 田中で初勝利

毎回の12奪三振、127球投げ抜く

九回2死、坂本を三振に仕留め完投勝利、ガッツポーズする東北楽天の田中

東北楽天—巨人第２戦（１勝１敗、18時33分、Ｋスタ宮城、25,219人）

巨人	0	0	0	0	0	0	1	0	1		1
東北楽天	0	0	0	0	0	1	1	0	×		2

3安打1失点

勝田中１試合１勝
敗菅野１試合１敗
本寺内１号①（田中）

東北楽天は田中が１失点で完投勝利。直球とスプリットボールを軸に３安打１失点、毎回の12三振を奪った。打線は０—０の六回、岡島の安打と犠打で１死二塁とし、銀次の中前打で先制。続く七回は２死一、三塁から、藤田の内野安打で貴重な１点を加えた。

巨人は八回に寺内のソロで１点を挙げるのがやっと。六回途中１失点と好投した菅野を援護できなかった。

六回東北楽天1死二塁、銀次が先制の中前打を放つ。捕手阿部

❷	巨人	打	安	点	振	球	本	打率	1	2	3	4	5	6	7	8	9
(右)	長野	4	0	0	1	0		.125	一飛	…	三振	…	…	二ゴ	…	二ゴ	…
(二)	寺内	4	2	1	1	0	❶	.250	三振	…	…	左安	…	中飛	…	左本	…
(捕)	阿部	2	0	0	2	2		.000	四球	…	…	三振	…	四球	…	三振	…
(三)	村田	4	1	0	1	0	①	.250	三ゴ	…	…	右飛	…	中安	…	三振	…
(指)	高橋由	2	0	0	0	2		.000	…	一直	…	死球	…	四球	…	…	投ゴ
(一)	ロペス	4	0	0	2	0		.000	…	三振	…	二ゴ	…	三振	…	…	三ゴ
(遊)	坂本	4	0	0	2	0		.125	…	三振	…	…	一邪	…	右飛	…	三振
(左)	亀井	3	0	0	0	0		.167	…	…	中飛	…	遊飛	…	二ゴ	…	…
(中)	橋本	2	0	0	2	0		.000	…	…	三振	…	三振	…	…	…	…
打	ボウカー	1	0	0	1	0		.000	…	…	…	…	…	…	三振	…	…
中	松本哲	0	0	0	0	0		——	…	…	…	…	…	…	…	…	…
犠盗失併残	01026	30	3	1	12	4		.113									

	東北楽天	打	安	点	振	球	本	打率	1	2	3	4	5	6	7	8	9
(右)	岡島	4	2	0	2	0		.250	三振	…	三振	…	…	左安	遊安	…	…
(二)	藤田	3	1	1	0	0		.375	捕邪	…	…	二ゴ	…	投ギ	二安	…	…
(一)	銀次	4	2	1	0	0		.222	左飛	…	…	右安	…	中安	遊直	…	…
(指)	ジョーンズ	1	0	0	0	3		.250	…	三ゴ	…	四球	…	四球	…	四球	…
走指	森山	0	0	0	0	0		——	…	…	…	…	…	…	…	…	…
(三)	マギー	2	1	0	0	2		.400	…	中安	…	三併	…	四球	…	四球	…
(左)	枡田	3	1	0	0	0		.200	…	遊ゴ	…	…	投安	中飛	…	…	…
左	牧田	1	0	0	0	0		.500	…	…	…	…	…	…	…	三ゴ	…
(遊)	松井	4	0	0	2	0		.143	…	三振	…	…	投飛	…	遊ゴ	三振	…
(捕)	嶋	4	1	0	3	0		.429	…	…	三振	…	右安	…	三振	三振	…
(中)	聖沢	3	1	0	2	0		.333	…	…	三振	…	三振	…	中安	…	…
犠盗失併残	12009	29	9	2	9	5		.290									

ギ藤田盗寺内（１）枡田（１）聖沢（１）
時３時間16分

	投手	回	打	投	安	振	球	失	責	防御率
●	菅野	5⅓	22	90	6	6	2	1	1	1.69
	沢村	1⅓	6	26	2	1	1	1	1	6.75
	青木	⅓	2	5	1	0	0	0	0	0.00
	マシソン	1	5	20	0	2	2	0	0	0.00
○	田中	9	34	127	3	12	4	1	1	1.00

イヌワシ ろっかーるーむ

佐藤義則投手コーチ

田中が1失点完投

(状態が)いいとはいえない。フォークボール(スプリットボール)で空振りを取れていたけど、直球では取れていなかった。能力で抑えられた感じだ

田代富雄打撃コーチ

先制打の銀次に

よく打ってくれた。ようやく点が取れたので、これから、あらゆる面で良くなっていくと思う

1勝1敗で敵地へ

笑顔で応援するファン

日本シリーズ第2戦で勝利し、スタンドのファンに喜びのあいさつをする東北楽天の監督、選手ら

女房役の嶋（右）と握手を交わす田中

七回東北楽天2死一、三塁、二塁への打球を放ち一塁にヘッドスライディングする藤田。
内野安打となり2点目が入る。一塁手ロペス

お立ち台でおなじみ「バーン」のポーズをする田中（左）と銀次

満塁の窮地に152キロ

九回、最後の打者坂本（青森・光星学院高出）を三振に仕留めると、田中はポンとグラブをたたき、控えめに喜んだ。毎回の12奪三振で1失点完投。杜の都に日本シリーズ初白星をもたらしたのは、やはりエースだった。

負けるわけにはいかなかった。初戦の登板を回避し中5日で臨んだマウンド。「きのう則本がいい投球をしていた。無駄にしないよう、抑えなければいけないと思った」。序盤から150キロ台を連発、気合十分だった。

六回、最大のピンチを招いた。2死から阿部に四球、村田に中前打を許し、高橋由にはスプリットボールを見極められた末に四球。満塁だ。だがレギュラーシーズンでは満塁で15打数1安打という勝負強さを、巨人相手でも見せつける。「自分でつくったピンチ。自分で抑えないと」

打席にはロペス。直球で追い込み、スプリットボールで目先を変える。最後はこの日最速の152キロで内角をえぐり空振り三振。大声でほえ、ガッツポーズした。

10月21日のCSファイナルステージ第4戦で救援登板。疲労蓄積も考えて第2戦の先発に回った。「初戦で投げないことでいろいろ言われたけど、抑えて黙らせたかった」

そう決意して臨んだマウンドだけに、結果に満足はしていない。2点リードの八回、寺内への初球、甘いスライダーを左翼席に運ばれた。お立ち台では「完封したかった」と本音も。「気を抜いて投げたわけじゃない。失投を確実に打たれた。投げミスを少なくしないと」

反省は次戦への備えにつながる。

10.29 楽天 EAGLES 5 — 1 巨人 GIANTS

二回東北楽天2死二、三塁、右越えに2点二塁打を放ち、二塁でガッツポーズする銀次

第3戦

猛攻13安打で快勝

一気の攻め 藤田と銀次が連続2点打

❸	東北楽天	打	安	点	振	球	本	打率	1	2		3	4	5	6	7	8	9
(右)	岡島	3	1	0	0	0	1	.273	左安	死球		二直			ニゴ			
中	聖沢	2	0	0	0	0	0	.250									遊ゴ	ニゴ
(二)	藤田	4	2	2	0	1	1	.417	一ゴ	左2			ニゴ		四球		右安	
(一)	銀次	5	3	2	1	0	0	.357	遊安	右2			三振		ニゴ		右安	
(左)	ジョーンズ	4	1	1	1	1	1	.250	三振	四球			一邪		遊ゴ		左安	
走左	森山	0	0	0	0	0	0	——										
(三)	マギー	3	2	0	1	2	2	.500	三振	四球				中安		左安	敬遠	
(中)右	牧田	4	1	0	2	0	0	.333		中安	三振			一ギ		投ゴ	三振	
(遊)	松井	5	2	0	0	0	0	.250		右安		左飛		ニゴ		中安	遊ゴ	
(捕)	嶋	3	1	0	0	0	2	.400		四球		投安		四球		右飛		右飛
(投)	美馬	2	0	0	1	0	0	.000		三振		投ギ		ニゴ				
投	レイ	1	0	0	0	0	0	.000								遊ゴ		
打	中島	1	0	0	0	0	0	.000										中飛
投	斎藤	0	0	0	0	0	0	——										
犠盗失併残	2 0 1 0 14	37	13	5	6	7		.313										

	巨人	打	安	点	振	球	本		打率	1	2	3	4	5	6	7	8	9
(中)	長野	4	2	0	1	0	0		.250	右安		遊ゴ			三振		投安	
(二)	寺内	2	1	0	0	0	0	①	.300	捕ギ			中安		遊ゴ			
打二	脇谷	1	0	0	0	0	0		.000								三ゴ	
(捕)	阿部	4	1	0	2	0	0		.125	三振			遊飛		投安		三振	
(三)	村田	4	0	0	0	0	0	①	.167	投ゴ			中飛		中飛			中飛
(左)右	高橋由	4	0	0	3	0			.000		三振		左飛			三振		三振
(一)	ロペス	3	0	0	2	0			.000		三ゴ			三振		三振		
投	青木	0	0	0	0	0	0		——									
打	石井	1	0	0	0	0	0		.000									左飛
(遊)	坂本	3	1	0	0	0	0		.182		遊ゴ			中安		遊ゴ		
(右)	亀井	2	0	0	0	0	0		.125			捕ゴ		投ゴ				
投	今村	0	0	0	0	0	0		——									
左	矢野	1	1	1	0	0	❶		1.00								左本	
(投)	杉内	0	0	0	0	0	0		——									
投	小山	1	0	0	1	0			.000			三振						
打左一	ボウカー	2	0	0	0	0			.000					遊飛			投ゴ	
犠盗失併残	1 0 0 0 5	32	6	1	9	0			.138									

[二]藤田、銀次[犠]牧田、美馬、寺内[失]美馬[暴]杉内＝2回
[時]3時間26分

	投手	回	打	投	安	振	球	失	責	防御率
○	美馬	5⅔	21	84	4	5	0	0	0	0.00
	レイ	2⅓	9	26	2	3	0	1	1	3.86
	斎藤	1	3	9	0	1	0	0	0	0.00
●	杉内	1⅔	13	56	6	3	3	4	4	21.60
	小山	3⅓	14	48	2	2	2	0	0	0.00
	今村	2	9	28	2	0	1	0	0	0.00
	青木	2	10	32	3	1	1	1	1	3.86

六回巨人2死、阿部の投手強襲打を右足甲に受ける東北楽天・美馬。この後、負傷降板

巨人一東北楽天第３戦（東北楽天２勝１敗、18時18分、東京ドーム、44,940人）

	1	2	3	4	5	6	7	8	9	計
東北楽天	0	4	0	0	0	0	0	1	0	5
巨人	0	0	0	0	0	0	0	1	0	1

楽天2勝目

[勝]美馬１試合１勝
[敗]杉内１試合１敗
[本]矢野１号①（レイ）

東北楽天が快勝した。打線は先発野手全員の13安打で５点を奪った。二回２死満塁から藤田、銀次の連続二塁打で４点を先行。八回はジョーンズの適時打で５点目を挙げた。先発美馬は変化球を軸にストライク先行の投球で５回⅔を無失点。レイ、斎藤とつないで逃げ切った。

巨人は先発杉内が二回途中６安打４失点で降板したのが誤算。打線は八回に矢野のソロで１点を返しただけだった。

先発美馬 好投

九回を3人でピシャリと抑えた斎藤。日本シリーズの登板は、横浜（現DeNA）時代以来15年ぶり

六回途中で負傷降板するまで巨人打線を4安打無得点に抑えた東北楽天・美馬

二回東北楽天2死満塁、藤田が左中間に先制の2点二塁打。投手杉内

五回巨人2死二塁、ボウカーの飛球を東北楽天の遊撃手松井が好捕

嶋好リード、的絞らせず 中軸を抑え込む

169センチの小柄な右腕が、巨人の強力打線を見事に封じた。東北楽天の先発美馬は、六回2死から阿部の打球を右足甲に受けるアクシデントで降板するまで無失点。「先に4点取ってもらったので楽に投げられた。テンポもよかった」。敵地での初戦を白星で飾り、充実した表情だった。

強気の攻めを心掛けた。象徴的だったのが一回1死二塁での阿部への投球。全て直球系の球で1ボール2ストライクと追い込み、最後も直球で見逃し三振。力で主砲をねじ伏せた。

この投球を引き出したのが嶋だ。「逃げたら終わり。やるかやられるかの勝負だったら攻めないと」。変化球をうまく使いながら、勝負どころでは大胆に内角を攻める変幻自在のリードで的を絞らせなかった。巨人の誇るクリーンアップをわずか1安打に抑え、反撃の機会さえ与えなかった。

「嶋さんの『俺が責任をとるから強気で投げてこい』という思いに乗せられた。本当に感謝です」と美馬。嶋は「（自分のリードに）応えてくれた美馬に尽きる」と右腕をたたえた。

日本シリーズは3試合で計4失点。この日の美馬を含め、投手陣と嶋の信頼関係の強さが生きている。「美馬はよく投げた。嶋のリードもさえていた」とは星野監督。大舞台で力を発揮するバッテリーを頼もしそうに見詰めた。

10.30 楽天 EAGLES 5 − 6 巨人 GIANTS

第4戦

東北楽天惜敗 好調打線実らず

AJ豪快、先制3ラン

一回東北楽天1死一、二塁、ジョーンズが左越えに3ラン

❹	東北楽天	打	安	点	振	球	本	打率	1	2	3	4	5	6	7	8	9
(右)	岡島	4	2	0	1	1		.333	四球	右安	・・・	三振	・・・	遊安	・・・	・・・	投ゴ
(二)	藤田	4	1	1	0	1		.375	死球	中安	・・・	二ゴ	・・・	二ゴ	・・・	・・・	中飛
(一)	銀次	5	0	0	1	0		.263	中飛	一ゴ	・・・	・・・	三ゴ	・・・	三振	・・・	左飛
(左)	ジョーンズ	4	2	3	0	0	❶	.333	左本	・・・	左安	・・・	一邪	・・・	遊ゴ	・・・	・・・
(三)	マギー	4	0	0	3	0		.333	三振	・・・	中飛	・・・	三振	・・・	三振	・・・	・・・
(遊)	松井	4	2	0	1	0		.313	三振	・・・	中安	・・・	・・・	中安	・・・	左飛	・・・
(捕)	嶋	3	0	0	0	0		.308	・・・	三ゴ	二ゴ	・・・	・・・	投ギ	・・・	二ゴ	・・・
(中)	聖沢	3	3	1	0	1		.455	・・・	右安	・・・	遊安	・・・	左2	・・・	四球	・・・
(投)	ハウザー	2	0	0	0	0		.000	・・・	三ゴ	・・・	三ゴ	・・・	・・・	・・・	・・・	・・・
投	宮川	0	0	0	0	0		——	・・・	・・・	・・・	・・・	・・・	・・・	・・・	・・・	・・・
投	小山伸	0	0	0	0	0		——	・・・	・・・	・・・	・・・	・・・	・・・	・・・	・・・	・・・
打	島内	1	0	0	0	0		.000	・・・	・・・	・・・	・・・	・・・	三邪	・・・	・・・	・・・
投	長谷部	0	0	0	0	0		——	・・・	・・・	・・・	・・・	・・・	・・・	・・・	・・・	・・・
打	枡田	1	0	0	1	0		.167	・・・	・・・	・・・	・・・	・・・	・・・	・・・	三振	・・・
投	金刃	0	0	0	0	0		——	・・・	・・・	・・・	・・・	・・・	・・・	・・・	・・・	・・・

犠	盗	失	併	残	打	安	点	振	球	本	打率
1	0	2	0	7	35	10	5	7	3		.306

	巨人	打	安	点	振	球	本	打率	1	2	3	4	5	6	7	8	9
(中)右	長野	3	3	3	0	2		.400	四球	左安	・・・	右安	左2	・・・	敬遠	・・・	・・・
(二)	寺内	4	1	1	1	1	①	.286	二ゴ	二飛	・・・	死球	三振	・・・	右安	・・・	・・・
(遊)	坂本	3	0	0	2	2		.143	三振	・・・	四球	三振	遊ゴ	・・・	四球	・・・	・・・
(捕)	阿部	3	0	1	0	1		.091	四球	・・・	三飛	中犠	・・・	中飛	三飛	・・・	・・・
(三)	村田	4	1	1	0	1	①	.188	左安	・・・	四球	三失	・・・	右飛	右飛	・・・	・・・
(右)左	矢野	2	0	0	0	1	①	.333	中飛	・・・	死球	二飛	・・・	・・・	・・・	・・・	・・・
投	沢村	0	0	0	0	0		——	・・・	・・・	・・・	・・・	・・・	・・・	・・・	・・・	・・・
打	谷	0	0	0	0	1		.000	・・・	・・・	・・・	・・・	・・・	四球	・・・	・・・	・・・
投	マシソン	0	0	0	0	0		——	・・・	・・・	・・・	・・・	・・・	・・・	・・・	・・・	・・・
打	鈴木	1	0	0	0	0		.000	・・・	・・・	・・・	・・・	・・・	・・・	・・・	左飛	・・・
投	山口	0	0	0	0	0		——	・・・	・・・	・・・	・・・	・・・	・・・	・・・	・・・	・・・
(左)	ボウカー	2	0	0	0	0		.000	・・・	三ゴ	投ゴ	・・・	・・・	・・・	・・・	・・・	・・・
投	今村	0	0	0	0	0		——	・・・	・・・	・・・	・・・	・・・	・・・	・・・	・・・	・・・
一	ロペス	3	0	0	0	0		.000	・・・	・・・	・・・	・・・	三ゴ	遊ゴ	・・・	一飛	・・・
(一)	中井	1	0	0	1	0		.000	・・・	三振	・・・	・・・	・・・	・・・	・・・	・・・	・・・
打中	松本哲	2	1	0	1	2		.500	・・・	・・・	・・・	四球	四球	・・・	中安	三振	・・・
(投)	ホールトン	1	1	0	0	0		1.00	・・・	左安	・・・	・・・	・・・	・・・	・・・	・・・	・・・
右左	亀井	1	0	0	0	1		.111	・・・	・・・	・・・	四球	二失	・・・	投ギ	・・・	・・・

犠	盗	失	併	残	打	安	点	振	球	本	打率
2	1	0	0	14	30	7	6	5	12		.161

二長野、聖沢ギ嶋、亀井犠阿部盗寺内(2)失藤田、マギー
時4時間7分

投手	回	打	投	安	振	球	失	責	防御率
ハウザー	3	16	72	3	2	5	1	1	2.70
宮川	⅔	4	25	1	0	3	2	2	——
小山伸	2	10	30	1	2	1	2	1	3.38
●長谷部	2	11	43	2	0	3	1	1	4.50
金刃	1	3	19	0	1	0	0	0	0.00
ホールトン	3	16	68	6	2	2	4	4	12.00
今村	1	4	17	1	1	0	0	0	0.00
沢村	2	9	28	3	1	0	1	1	5.40
○マシソン	2	7	32	0	3	1	0	0	0.00
S山口	1	3	7	0	0	0	0	0	0.00

八回東北楽天2死一塁、代打枡田が空振りの三振に倒れる

巨人―東北楽天第４戦（２勝２敗、18時18分、東京ドーム、44,968人）

	1	2	3	4	5	6	7	8	9	計
東北楽天	3	1	0	0	0	1	0	0	0	5
巨人	1	0	0	2	2	0	1	0	×	6

勝マシソン３試合１勝
Ｓ山口２試合１Ｓ
敗長谷部１試合１敗
本ジョーンズ１号③（ホールトン）

ハウザー３回１失点

東北楽天は競り合いを落とした。一回にジョーンズが３ラン。二回は藤田の適時打で加点し優位に進めた。だが投手陣が計12四死球と乱調。先発ハウザーは３回５四死球１失点で降板。救援陣もぴりっとせず、５―５の七回、４番手長谷部が寺内に決勝打を浴びた。

三回巨人2死一、二塁、ピンチを招き、マウンドのハウザーのもとへ集まる東北楽天ナイン

七回巨人1死一、二塁、寺内に勝ち越しの右前適時打を浴び、肩を落とす東北楽天の4番手長谷部

投手陣総崩れ

四回巨人無死一塁、亀井への四球でピンチを広げ大きく息を吐く東北楽天2番手の宮川

五回巨人1死一、二塁、長野に逆転の2点二塁打を浴び、打球を追う東北楽天3番手の小山伸

4人合わせ12四死球

12四死球。まさに自滅だ。東北楽天は投手陣がリードを守り切れなかった。

先発ハウザーは3回1失点。「思い通りに打者を詰まらせることができた」と振り返ったが、一回にいきなり2四球などで2死一、二塁。村田に適時打を喫した。三回も3四死球を与えるなど、この回を終えて72球。ベンチは望まない形での継投を余儀なくされた。

四回に送り出されたのはルーキーの宮川。140キロ台半ばの直球は走っていた。だが、先頭の代打松本哲にフルカウントから四球。亀井へはファウルで粘られた末に10球目で四球。無死一、二塁。帽子で汗をぬぐう23歳は大舞台にのみこまれたかのようだった。

長野に右前打を許し、4－2。続く寺内への5球目は頭部付近への死球となり危険球退場。「精いっぱい投げた。あしたから気持ちを切り替えるだけ」と絞り出すのがやっとだった。

この回は3番手小山伸が阿部の犠飛で1点差に迫られ、五回には長野に逆転の2点二塁打を喫した。そして七回。4番手長谷部が1死一、二塁から寺内に勝ち越し打を浴びた。「やられました。仕方がない。スライダーが決まらなかった」と左腕は悔しがった。

佐藤投手コーチは「相手のヒットは7本なのに、12四死球も与えた。打たれたのではなく、自ら壊れた」と嘆いた。

田中、則本、美馬に続く先発陣と救援陣の不安。シリーズ開幕前から危惧されていた弱点が、1点勝負を分けた。

六回東北楽天1死二塁、聖沢が左中間に同点の適時二塁打を放つ。捕手阿部

10.31 楽天 EAGLES 4 — 2 巨人 GIANTS

第5戦

東北楽天 王手

執念、延長戦制した意地の継投

十回東北楽天1死一、二塁、銀次が勝ち越しの中前適時打を放つ

死球で途中交代となり無念の涙を見せる藤田

十回東北楽天1死二塁、脚に死球を受ける藤田。捕手阿部

❺	東北楽天	打	安	点	振	球	本	打率	1	2	3	4	5	6	7	8	9	10
(右)	岡島	4	1	1	0	0		.316	二ゴ	…	左安	…	遊ゴ	…	…	遊ゴ	…	一ギ
(二)	藤田	4	0	0	0	1		.300	遊ゴ	…	二ゴ	…	一ゴ	…	…	二ゴ	…	死球
走二	阿部	0	0	0	0	0		——	…	…	…	…	…	…	…	…	…	…
(一)	銀次	4	2	2	0	1		.304	二ゴ	…	右2	…	…	一失	…	四球	…	中安
(中)左	ジョーンズ	4	1	1	1	1	①	.313	…	四球	…	三振	…	二飛	…	右飛	…	遊安
走左	森山	0	0	0	0	0		——	…	…	…	…	…	…	…	…	…	…
(三)	マギー	5	1	0	0	0		.294	…	遊併	…	三ゴ	…	三飛	…	…	三ゴ	左安
(左)	中島	2	1	0	0	0		.250	…	二ゴ	…	中安	…	…	…	…	…	…
走中	聖沢	3	1	0	0	0		.429	…	…	…	…	…	遊ゴ	…	…	右安	二ゴ
(遊)	松井	4	2	0	1	0		.350	…	…	中安	左安	…	…	三振	…	一ゴ	…
(捕)	嶋	4	1	0	0	0		.294	…	…	右安	右飛	…	…	三ゴ	…	遊ゴ	…
(投)	辛島	2	0	0	0	0		.000	…	…	投ゴ	…	三ゴ	…	…	…	…	…
投	則本	1	0	0	1	1		.000	…	…	…	…	…	…	三振	…	…	四球
犠盗失併残	1 0 0 0 8	37	10	4	3	4		.298										

	巨人	打	安	点	振	球	本	打率	1	2	3	4	5	6	7	8	9	10
(右)	長野	5	0	0	1	0		.300	二ゴ	…	中飛	…	…	中飛	…	三振	…	二飛
(二)	寺内	2	0	0	1	1	①	.250	四球	…	中飛	…	…	三振	…	…	…	…
打	高橋由	1	1	0	0	0		.091	…	…	…	…	…	…	…	…	右2	…
走二	脇谷	0	0	0	0	0		.000	…	…	…	…	…	…	…	…	…	…
(遊)	坂本	3	0	0	3	0		.118	三振	…	…	三振	…	三振	…	…	一ギ	…
(捕)	阿部	3	0	0	0	1		.071	三邪	…	…	左飛	…	…	右飛	…	四球	…
(三)	村田	4	2	2	0	0	❷	.250	…	中飛	…	三ゴ	…	…	左本	…	投安	…
(左)	矢野	2	0	0	0	0	①	.200	…	右飛	…	…	三ゴ	…	…	…	…	…
打左	亀井	2	0	0	0	0		.091	…	…	…	…	…	…	一ゴ	…	捕邪	…
(一)	中井	3	1	0	0	1		.250	…	四球	…	…	中安	…	一ゴ	…	遊ゴ	…
(中)	松本哲	4	0	0	2	0		.167	…	三振	…	…	一ゴ	…	…	三振	…	左邪
(投)	内海	2	0	0	1	0		.000	…	…	右飛	…	三振	…	…	…	…	…
投	沢村	0	0	0	0	0		——	…	…	…	…	…	…	…	…	…	…
投	山口	0	0	0	0	0		——	…	…	…	…	…	…	…	…	…	…
打	石井	1	0	0	1	0		.000	…	…	…	…	…	…	…	三振	…	…
投	西村	0	0	0	0	0		——	…	…	…	…	…	…	…	…	…	…
投	青木	0	0	0	0	0		——	…	…	…	…	…	…	…	…	…	…
打	ロペス	1	0	0	0	0		.000	…	…	…	…	…	…	…	…	…	左飛
犠盗失併残	1 1 1 1 5	33	4	2	9	3		.153										

[二]銀次、高橋由[犠]岡島、坂本[盗]寺内（3）[失]中井
[時]3時間49分

	投手	回	打	投	安	振	球	失	責	防御率
	辛島	5	18	75	1	4	2	0	0	0.00
○	則本	5	19	79	3	5	1	2	2	2.77
	内海	6	24	92	6	1	1	2	2	1.50
	沢村	1	3	16	0	2	0	0	0	4.15
	山口	1	4	18	0	0	1	0	0	0.00
●	西村	1 2/3	10	35	4	0	2	2	2	6.75
	青木	1/3	1	2	0	0	0	0	0	3.38

巨人—東北楽天第5戦（東北楽天3勝2敗、18時17分、東京ドーム、44,995人）

	1	2	3	4	5	6	7	8	9	10	計
東北楽天	0	0	2	0	0	0	0	0	0	2	4
巨人	0	0	0	0	0	0	1	0	1	0	2

（延長10回）

10回 銀次決勝打

[勝]則本2試合1勝1敗
[敗]西村2試合1敗1S
[本]村田2号①（則本）

東北楽天が今シリーズ初の延長戦を制した。2—2の十回、四死球などで1死一、二塁とし銀次の中前打で勝ち越し。さらにジョーンズの内野安打で4点目を奪った。六回から2番手で登板した則本がシリーズ初勝利。先発辛島は5回1安打無失点と好投した。

巨人は0—2の七回に村田のソロで1点差。九回に再び村田の投手強襲の内野安打で追い付いた。だが西村が2イニング目の十回につかまった。

5回2失点の力投で、東北楽天の日本一王手を呼び込んだ2番手則本

5回1安打無失点と好投した東北楽天先発の辛島

十回に自ら四球を選び、銀次の適時打で勝ち越しの本塁を踏んだ則本

「東北に元気を! 皆で取るぞ日本一!」の横断幕をスタンドに掲げ、応援する東北楽天ファン

ファンの声援に応える星野監督

藤田の死球にナイン発奮

延長十回、東北楽天が勝利への執念を見せた。

1死二塁から、藤田への初球は左ふともも付近を直撃した。2試合連続の死球。思わず座り込むほどの痛みに、藤田はいったんベンチで治療を受けた後、一塁に立った。

ここでベンチが仕掛けた。銀次がフルカウントとなったところで、ランエンドヒットのサイン。しっかり振り抜いた打球は、ゴロで中前に抜ける勝ち越し打となった。

この間、一走藤田は懸命の走りで三塁を陥れたが、左脚は限界だった。代走が送られ、号泣しながら引き揚げる背番号6。その姿にジョーンズも、一層気合が入った。三遊間へのボテボテの打球だったが、全力疾走で適時内野安打とし、この回2点目。粘る巨人の息の根を止めた。

11.2 楽天 EAGLES 2 — 4 巨人 GIANTS

第6戦

田中まさかの黒星

魔の五回3失点 神話崩れる

必死の投球を続け9回を投げ切った田中

東北楽天―巨人第６戦（３勝３敗、18時35分、Ｋスタ宮城、25,271人）

	1	2	3	4	5	6	7	8	9	計
巨人	0	0	0	0	3	1	0	0	0	4
東北楽天	0	2	0	0	0	0	0	0	0	2

12安打浴びる

勝菅野２試合１勝１敗
Ｓマシソン４試合１勝１Ｓ
敗田中２試合１勝１敗
本ロペス１号②（田中）

東北楽天は田中が12安打を浴び敗れた。２―０の五回、１死二塁からロペスに同点２ランを喫し、さらに高橋由の中前打で勝ち越された。六回も１死二、三塁から内野ゴロの間に１点を失った。打線は二回に１死二、三塁から嶋の内野ゴロと失策で２点を先行したが、以降はつながらず散発３安打に終わった。

巨人の先発菅野は制球が良く、７回２失点の好投。八回以降は山口、マシソンが抑えた。

❻巨人		打	安	点	振	球	本	打率	1	2	3	4	5	6	7	8	9
(右)中	長野	5	1	0	1	0		.280	三振	···	遊併	···	左安	···	二ゴ	···	遊ゴ
(中)	松本哲	2	0	0	1	0		.125	投ゴ	···	···	三振	···	···	···	···	···
打右	亀井	2	1	0	0	1		.154	···	···	···	···	四球	···	左飛	···	中2
(指)	高橋由	5	2	1	1	0		.188	中飛	···	···	一ゴ	中安	···	中安	···	三振
(捕)	阿部	4	1	0	0	0		.111	···	一ゴ	···	左2	遊飛	···	右飛	···	···
(三)	村田	4	1	0	2	0	②	.250	···	遊ゴ	···	三振	···	右2	···	三振	···
(遊)	坂本	4	3	0	0	0		.238	···	投直	···	···	左2	遊安	···	右2	···
(左)	ボウカー	3	0	0	1	0		.000	···	···	投ゴ	···	三振	投ギ	···	二ゴ	···
左	鈴木	0	0	0	0	0		.000	···	···	···	···	···	···	···	···	···
(一)	ロペス	4	2	3	0	0	❶	.105	···	···	中安	···	左本	三ゴ	···	右飛	···
(二)	寺内	4	1	0	1	0	①	.250	···	···	三失	···	右安	捕邪	···	···	三振
犠盗失併残	10218	37	12	4	7	1		.186									

東北楽天		打	安	点	振	球	本	打率	1	2	3	4	5	6	7	8	9
(右)	岡島	4	0	0	0	0		.261	三ゴ	遊ゴ	···	···	左飛	···	···	三ゴ	···
(二)	藤田	4	0	0	0	0		.250	二ゴ	···	一ゴ	···	左飛	···	···	捕ゴ	···
二	阿部	0	0	0	0	0		——	···	···	···	···	···	···	···	···	···
(一)	銀次	3	0	0	0	1		.269	四球	···	二ゴ	···	···	二ゴ	···	···	二ゴ
(指)	ジョーンズ	4	0	0	2	0	①	.250	遊飛	···	三ゴ	···	···	三振	···	···	三振
(三)	マギー	4	0	0	2	0		.238	···	三振	···	二飛	···	三ゴ	···	···	三振
(左)中	枡田	2	0	0	1	1		.125	···	四球	···	三振	···	···	遊飛	···	···
(遊)	松井	3	2	0	0	0		.391	···	右2	···	三ゴ	···	···	中安	···	···
(捕)	嶋	3	1	1	0	0		.300	···	三ゴ	···	···	中安	···	遊併	···	···
(中)	聖沢	1	0	0	0	0		.400	···	一失	···	···	投ギ	···	···	···	···
打左	中島	1	0	0	0	0		.200	···	···	···	···	···	···	···	右飛	···
犠盗失併残	10113	29	3	1	5	2		.270									

二松井、阿部（巨）坂本２、村田、亀井犠ボウカー、聖沢失ロペス２、マギー暴田中＝７回
時３時間16分

投手	回	打	投	安	振	球	失	責	防御率
○菅野	7	26	106	3	3	2	2	1	1.46
H山口	1 1/3	4	12	0	0	0	0	0	0.00
Sマシソン	2/3	2	9	0	2	0	0	0	0.00
●田中	9	39	160	12	7	1	4	4	2.50

（注）Hはホールド

五回巨人1死、寺内に右前打を許し、マウンドに座り気持ちを静める田中

二回東北楽天1死二、三塁、嶋(左から2人目)の三ゴロの間に三走・枡田が先制のホームイン。捕手阿部

九回東北楽天1死、三振に倒れるジョーンズ。捕手阿部

東北楽天・田中将大の今季成績 ※Sはセーブ

13年

レギュラーシーズン

月・日		回数	被安打	失点		スコア
4・2	オリックス	7	5	1	○	8−2
9	日本ハム	7	5	1	○	9−1
16	ソフトバンク	7	9	3		5−6
23	オリックス	8	15	3	○	9−3
5・1	日本ハム	8	5	1	○	4−1
8	日本ハム	7	4	2	○	5−2
14	DeNA	8	7	3	○	7−3
22	巨人	9	7	1	○完投	2−1
28	阪神	6	5	2		7−4
6・3	中日	9	8	1		2−1
9	巨人	7	3	0	○	5−3
16	阪神	9	6	0	○完封	3−0
25	西武	7	3	0	○	11−0
7・2	ロッテ	8	9	0	○	7−0
9	日本ハム	9	4	0	○完封	5−0
16	オリックス	9	5	1	○完投	4−1
26	ロッテ	9	5	2	○完投	3−2
8・2	日本ハム	9	8	1	○完投	4−1
9	ソフトバンク	7	4	0	○	5−0
16	西武	8	5	1	○	3−1
23	ロッテ	7	6	0	○	5−0
30	ソフトバンク	7	7	3	○	11−6
9・6	日本ハム	9	7	2	○完投	3−2
13	オリックス	9	10	2	○完投	6−2
21	日本ハム	8	4	1	○	7−3
26	西武	1	1	0	S	4−3
10・1	日本ハム	6	7	2	○	11−2
8	オリックス	7	4	2	○	7−3

28試合　24勝0敗1セーブ　防御率1.27

クライマックスシリーズ

月・日		回数	被安打	失点		スコア
10・17	ロッテ	9	7	0	○完封	2−0
21	〃	1	2	0	S	8−5

2試合　1勝0敗1セーブ　防御率0.00

日本シリーズ

月・日		回数	被安打	失点		スコア
10・27	巨人	9	3	1	○完投	2−1
11・2	〃	9	12	4	●完投	2−4

2試合　1勝1敗　防御率2.50

五回巨人1死、寺内に安打を喫した東北楽天の先発・田中(左から3人目)の周りに集まるナイン

五回1死二塁、ロペスに同点となる左越え2点本塁打を打たれ、悔しさを見せる東北楽天・田中(左)

前日の11月1日、報道陣から25歳の誕生日を祝福された田中だったが

160球完投実らず

今季32度目の登板で、これまで一度もなかった光景が広がった。日本一が懸かった試合で、田中がまさかの初黒星。「自分の力のなさが大事なところで出てしまった」。エースは自らを責めた。

2−0の五回。先頭坂本に二塁打を許した。ボウカーは三振に仕留めたものの、ロペスに同点2ランを喫した。打たれたのはスプリットボール。第2戦で巨人打線を手玉に取った決め球が高めに浮き、左翼席に運ばれた。

寺内、長野にも連打を喫し1死一、三塁。重盗を防いで2死三塁までこぎつけたが、代打亀井に四球。高橋由には直球を2球続けた後、わずかに甘く入った149キロを捉えられ、勝ち越し打を浴びた。六回にも先頭村田の二塁打から1点を失った。計4失点。今季最多だ。

だが志願して続投した。「最後までマウンドに立ってやるという気持ちだった」。九回は2死二塁とされたが、力を振り絞り152キロの速球で高橋由から空振り三振を奪った。「どうやったら球場が盛り上がるか考えた」。プロ最多となる160球目。エースの意地だった。

イヌワシ ろっかーるーむ

藤田一也内野手

五回2死三塁の好機で左飛に倒れ

点を取られた直後だったので、あそこで(自分が打って得点が)入っていれば。(左足の)けがは大丈夫。またあした頑張ります

岡島豪郎捕手

右翼手で出場、2−4の七回2死二塁で、阿部の右中間への飛球に体を投げ出し好捕

もうこれ以上、点はやれないので必死で前に突っ込んだ。もう、あした(3日)やるだけ。頑張る

11.3

楽天 EAGLES 3 — 0 巨人 GIANTS

第7戦

東北楽天 ついに日本一

最後の打者を三振に仕留め、日本シリーズを制してガッツポーズする東北楽天の田中

イヌワシ ろっかーるーむ

岡島豪郎捕手

二回に左中間へ適時二塁打

田中さんの160球を無駄にしないようにと、選手の間で話をしていた。何が何でも打つという気持ちだった。（捕手登録だが夏場から右翼に定着）あっという間でした

東北楽天―巨人第7戦（東北楽天4勝3敗、18時35分、Kスタ宮城、25,249人）

	1	2	3	4	5	6	7	8	9	計
巨人	0	0	0	0	0	0	0	0	0	0
東北楽天	1	1	0	1	0	0	0	0	×	3

締めは田中

勝美馬2試合2勝
Ⓢ田中3試合1勝1敗1S
敗杉内2試合2敗
本牧田1号①（沢村）

東北楽天が快勝した。一回に敵失で先制。二回は2死二塁から岡島の左中間二塁打で1点を加え、四回は牧田のソロ本塁打でリードを広げた。先発美馬は6回を1安打無失点の好投で、シリーズ2勝目。七、八回は則本が抑え、九回は前日に160球を投げた田中が反撃を断った。

巨人は先発杉内が二回途中2失点で降板。打線も八回までわずか3安打。九回は2死一、三塁としたが、田中に抑えられた。

⑦	巨人	打	安	点	振	球	本	打率	1	2	3	4	5	6	7	8	9
(右)	長野	1	0	0	1	2		.269	死球	…	四球	…	三振	…	…	…	…
打右	亀井	1	0	0	0	0		.143	…	…	…	…	…	…	…	中飛	…
(中)	松本哲	3	1	0	1	0		.182	一ギ	…	三振	…	投ゴ	…	…	中安	…
(指)	高橋由	4	0	0	2	0		.150	遊失	…	三振	…	…	二ゴ	…	三振	…
(捕)	阿部	4	0	0	0	0		.091	投ゴ	…	左飛	…	…	中飛	…	投ゴ	…
(三)	村田	3	1	0	0	1	②	.259	四球	…	…	右飛	…	一邪	…	…	中安
(遊)	坂本	4	0	0	2	0		.200	中飛	…	…	三振	…	…	捕邪	…	三振
(左)	ボウカー	3	1	0	1	1		.091	…	三振	…	四球	…	…	中安	…	一ゴ
(一)	ロペス	4	2	0	1	0	①	.174	…	左安	…	二ゴ	…	…	三振	…	右安
(二)	寺内	2	0	0	0	0	①	.227	…	遊併	…	…	遊飛	…	…	…	…
打二	脇谷	1	0	0	1	0		.000	…	…	…	…	…	…	三振	…	…
打	矢野	1	0	0	1	0	①	.167	…	…	…	…	…	…	…	…	三振
犠盗失併残	10119	31	5	0	10	4		.182									

	東北楽天	打	安	点	振	球	本	打率	1	2	3	4	5	6	7	8	9
(右)	岡島	4	1	1	0	1		.259	二直	左2	…	投ゴ	…	死球	…	左飛	…
(二)	藤田	3	1	0	2	1		.259	三振	四球	…	三振	…	左安	…	…	…
(一)	銀次	3	0	0	0	1		.241	死球	左飛	…	…	遊飛	三ゴ	…	…	…
(指)	ジョーンズ	4	2	0	2	0	①	.292	左2	…	左安	…	三振	…	三振	…	…
(三)	マギー	4	1	0	0	0		.240	遊失	…	二併	…	右2	…	中飛	…	…
(左)	中島	1	0	0	0	0		.167	左飛	…	…	…	…	…	…	…	…
中	聖沢	2	2	0	0	1		.471	…	…	右2	…	四球	…	左安	…	…
(遊)	松井	4	0	0	0	0		.333	…	右飛	左飛	…	左飛	…	右飛	…	…
(捕)	嶋	3	0	0	2	1		.261	…	四球	…	三振	…	中飛	…	三振	…
(中)左	牧田	4	1	1	1	0	❶	.300	…	三ゴ	…	左本	…	三ゴ	…	三振	…
犠盗失併残	0011 10	32	8	2	7	5		.267									

二ジョーンズ、岡島、聖沢、マギー ギ松本哲 失坂本、松井 時3時間15分

	投手	回	打	投	安	振	球	失	責	防御率
●	杉内	1⅔	10	35	2	1	2	2	1	13.50
	沢村	2⅓	10	40	3	2	1	1	1	4.05
	内海	3	14	49	3	2	2	0	0	1.20
	西村	1	3	16	0	2	0	0	0	4.91
○	美馬	6	23	91	1	5	4	0	0	0.00
H	則本	2	8	36	2	3	0	0	0	2.40
S	田中	1	5	15	2	2	0	0	0	2.37

（注）Hはホールド

七回巨人2死一塁、代打脇谷を空振り三振に仕留めた東北楽天2番手の則本

6回を1安打無失点と好投した東北楽天先発の美馬

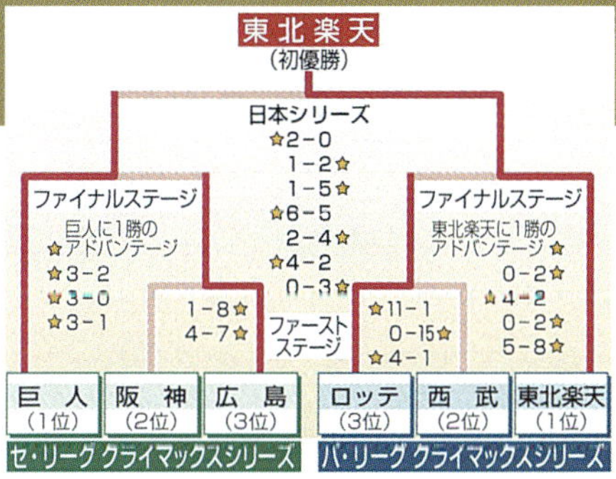

豪華リレー 完全燃焼し快勝

四回東北楽天1死、牧田が左越えにソロを放つ

本塁打で一塁を回る牧田

ベンチ前でナインに祝福される牧田

牧田、貴重な一発 31歳の意地

悲願の日本一へ。Kスタ宮城を埋め尽くしたファンの後押しを受け、イヌワシ打線が奮い立った。巨人の先発杉内を早々に攻略、主導権を握った。

一回に敵失から先制すると、二回は2死二塁から、岡島が前進守備の左中間を破る二塁打。「絶対に打つ、絶対に勝つ、その気持ちだけだった」。今季を象徴するような打線のつながりで杉内をKOし、巨人のゲームプランを崩した。

大きかったのは3点目。左腕対策で先発した9番牧田が四回、2番手の右腕沢村から左越えソロ。2ボール2ストライクからの5球目、スライダーに「食らいついて一生懸命打った」。リードを広げ、その後の味方の継投を楽にした。

牧田は今季、中軸として期待されながらけがに泣き、レギュラーシーズンは計27試合の出場にとどまった。9月、マジックナンバーが点灯しチームが初優勝へと突き進む中、2軍で調整していた。「俺の野球人生、こんなんで終わるのかな」。さみしそうにつぶやいた姿が印象的だ。

球団創設時からのメンバーは牧田、中島、小山伸、そして、シリーズ中に戦力外通告を受けた高須の4人だけ。「出たくても出られず、辞めていく人がいる」。思い返せば3月30日の開幕2戦目、5番・右翼で出場した牧田が決勝2ランを放ち、チームに初勝利をもたらした。そして、ことし最後の試合で価値ある一発。球団の歴史を知る31歳の意地を見た。

7試合シリーズの主な記録

【タイ記録】

シリーズ最少本塁打2　東北楽天＝５度目
シリーズ最少併殺2　東北楽天＝３度目
シリーズ最優秀防御率（10回以上）0.00
美馬（東北楽天）11回2/3＝４人目
シリーズ最多補殺（二塁手）28　寺内（巨人）＝３人目

日本シリーズの表彰選手

最高殊勲選手　美馬学（東北楽天）
優秀選手　田中将大、銀次（以上東北楽天）、内海哲也（巨人）
敢闘選手　長野久義（巨人）

田中と握手する星野監督

二回東北楽天2死二塁、岡島が左中間に適時二塁打

三回東北楽天無死、ジョーンズが左前打

MVP の表彰を受ける美馬

美馬投手がMVP

日本シリーズの最高殊勲選手（ＭＶＰ）に、２戦２勝を挙げた東北楽天の美馬学投手（27）が選ばれた。

美馬は今シリーズ、1勝1敗のタイで迎えた第3戦（東京ドーム）で1回目の先発。緩急を駆使し、シュートやスライダーなどの変化球で巨人打線を手玉にとった。六回途中に、打球を右足に受けて降板するまで無得点に抑えて初白星を手にした。

さらに、第7戦で2度目の登板。一回2死満塁のピンチを切り抜け、6回を1安打無失点。味方打線の素早い援護にも恵まれ、安定した投球で2勝目を挙げた。

プロ3年目の今季、レギュラーシーズンは6勝5敗。終盤に右肘の違和感で出場選手登録を外れ、不安視されたポストシーズンだったが、ロッテとのクライマックスシリーズ（CS）第3戦で4安打完封するなど活躍した。

美馬は「最高ですね。本当に出来過ぎ」と興奮した口調で話していた。

11.3 「日本シリーズ制して頂点へ」

(し)河北新報社

（1）　（第三種郵便物認可）　河　北　新　報　平成２５年(2013年)１１月３日(日曜日)　©河北新報社 2013

河北新報 号外

発行所
仙台市青葉区五橋１－２－２８
河北新報社

最新ニュースは携帯サイトで

東北楽天 日本一

東北楽天－巨人第７戦

巨人	0	0	0	0	0	0	0	0	0	0
東北楽天	1	1	0	1	0	0	0	0	×	3

2013 日本シリーズ

最終戦 巨人下す

プロ野球の日本シリーズ第7戦は3日、仙台市宮城野区のクリネックススタジアム宮城（Kスタ宮城）で第7戦が行われ、東北楽天が巨人に3―0で勝ち、対戦成績を4勝3敗として初の日本一に輝いた。

東北楽天は1―0の二回、右翼で出場した岡島豪郎捕手の二塁打で加点。四回は牧田明久外野手がソロ本塁打を放った。先発美馬学投手は6回1安打無失点。七、八回は則本昂大投手が抑え、九回は前日に160球を投げた田中将大投手が締めた。最高殊勲選手（MVP）にはシリーズ2勝を挙げた美馬が選ばれた。

東北楽天は創設9年目。1934年創設の大日本東京倶楽部を前身とし、プロ野球で最も長い歴史を持つ巨人を破り、頂点に立った。星野仙一監督は中日、阪神時代から日本シリーズ通算4度目の指揮で初優勝となった。

球団創設９年目で初の日本一を決め、胴上げされる東北楽天・星野監督＝３日午後９時52分、Kスタ宮城

NIPPON SERIES 2013

人を撃破！

プレーバック

１回東北楽天１死一、二塁、ジョーンズが左越えに先制３ランを放つ。捕手阿部

惜

ジョーンズ先制弾フイ

第４戦（10月30日）

東北楽天は投手陣が12四死球と乱調。打線の援護をふいにした。

ジョーンズの３ランと藤田の３試合連続の適時打で二回までに４点を奪った。だが先発ハウザーが三回まで５四死球、72球を費やし降板した。

４－１の四回は新人の宮川を投入。２四球の後、長野に適時打を喫し、寺内への頭部付近への死球で危険球退場した。「精いっぱい投げたんですが…」と宮川。五回は小山伸が逆転打を浴びた。聖沢の適時打で５－５としたが、七回に長谷部が勝ち越し打を許した。

巨人－東北楽天第４戦（２勝２敗、18時18分、東京ドーム、44,968人）

東北楽天	310 001 000	5
巨　人	100 220 10×	6

勝マシソン３試合１勝
Ｓ山口２試合１Ｓ
敗長谷部１試合１敗
本ジョーンズ１号③（ホールトン）

巨人に競り勝ち日本一に王手をかけ、嶋(左)と抱き合って喜ぶ東北楽天・則本

魂

粘投、涙…一丸で王手

第５戦（10月31日）

延長戦を制し、日本一に王手をかけた。三回に岡島と銀次の適時打で2点を先取。5回無失点と好投の辛島に代え、六回からは則本を投入した。則本は2－1の九回、村田に適時内野安打を許し同点。だが、チームはここから底力を見せる。十回1死一、二塁から銀次の中前打とジョーンズの内野安打で2点を勝ち越した。

「俺が決めるしかないと思っていた」と銀次。十回も続投した則本は「疲れた。ほっとした」。十回の攻撃では藤田が死球で涙の途中交代。熱い思いに全員が応えた。

10回、左脚への死球で負傷交代し、ベンチで悔し涙を流す東北楽天・藤田

巨人－東北楽天第５戦（東北楽天３勝２敗、18時17分、東京ドーム、44,995人）

東北楽天	002 000 000	2	4
巨　人	000 000 101	0	2

（延長10回）

勝則本２試合１勝１敗
敗西村２試合１敗１Ｓ
本村田２号①（則本）

沈

東北楽天－巨人第６戦（３勝３敗、18時35分、Ｋスタ宮城、25,271人）

巨　人	000 031 000	4
東北楽天	020 000 000	2

勝菅野２試合１勝１敗
Ｓマシソン４試合１勝１Ｓ
敗田中２試合１勝１敗
本ロペス１号②（田中）

5回、巨人ロペスに同点2ランを喫した後、寺内に右前打を許し、気持ちを落ち着けるようにロージンバッグに手を置く東北楽天・田中

田中4失点　今季初黒星

第６戦（11月2日）

無敗のエース田中が、日本一の懸かった試合で今季初黒星を喫した。「大事な試合で勝てなかった。力がないということ」と自らを責めた。

五回、スプリットボールが甘く入り、ロペスに同点2ランを喫した。さらに2死一、三塁で高橋由。速球での3球勝負を読まれ、中前に勝ち越し打を浴びた。六回も1点を失った。

それでも志願して続投。九回を160球で投げ切った。星野監督は「代われと言ったが、エースの意地だろうね」と思いやった。

巨人－東北楽天第３戦（東北楽天２勝１敗、18時18分、東京ドーム、44,940人）

東北楽天	040 000 010	5
巨　人	000 000 010	1

勝美馬１試合１勝
敗杉内１試合１敗
本矢野１号①（レイ）

星野監督は「13安打で５点は小爆発」と満足しなかったが、「嶋のリードがさえていたね、珍しく」と褒めた。

（3）　（第三種郵便物認可）　河北

NIPPON SERIES 2013

完全燃焼 巨

８回巨人２死、村田（奥左）に右越えソロを浴びた東北楽天先発の則本。捕手嶋

悔　先発則本 好投報われず

第１戦（10月26日）

東北楽天は９安打を放ちながら12残塁と攻め切れず、無得点に終わった。惜しかったのは八回。２死一、二塁で松井が左翼へいい当たりを放ったが、巨人の亀井に好捕された。

先発則本は８回４安打２失点と好投したが報われず、「負けたら一緒」と悔しがった。五回、外角へ外した直球を長野に合わせられ失点。八回は村田に右翼席最前列へ痛いソロ本塁打を喫した。星野監督は「１点が遠かった。則本は立派だが０－０のまま踏ん張ってほしかった」と話した。

東北楽天－巨人第１戦（巨人１勝、18時35分、Ｋスタ宮城、25,209人）

巨人	000	010	010	2
東北楽天	000	000	000	0

㊖内海１試合１勝
Ⓢ西村１試合１Ｓ
㊐則本１試合１敗
㊍村田１号①（則本）

快　田中152キロ 窮地しのぐ

第２戦（10月27日）

田中が１失点で完投勝利。六回に２死満塁とされたが、ロペスを152キロの直球で空振り三振に仕留めると、マウンドで１回転してほえた。「気持ちを込めて投げた」

打線がつながったのは、田中が六回のピンチをしのいだ直後。１死二塁から銀次が中前に先制打。前日は５打数無安打、失点につながる失策を犯しており「取り返したかった」。七回は２死一、三塁から藤田の内野安打で加点。気迫のヘッドスライディングで一塁へ滑り込み、セーフの判定を引き出した。

東北楽天－巨人第２戦（１勝１敗、18時33分、Ｋスタ宮城、25,219人）

巨人	000	000	010	1
東北楽天	000	001	10×	2

㊖田中１試合１勝
㊐菅野１試合１敗
㊍寺内１号①（田中）

６回巨人２死満塁、ロペスを空振り三振に仕留め雄たけびをあげる東北楽天先発の田中

２回東北楽天２死二、三塁、２点二塁打を放ち二塁でガッツポーズする銀次

勢　打線爆発 13安打快勝

第３戦（10月29日）

先発野手全員の13安打で５点を奪い快勝。二回２死満塁から藤田、銀次の連続２点二塁打で４点。「魂で打ちました」と藤田。銀次は「うまくヘッドが返ってくれた」。

先発美馬は六回途中、打球を右足に受けて降板するまで無得点に抑えた。カーブ、内角球を使った配球が効果的。「先に４点を取ってもらい楽に投げられた」。レイ、斎藤の継投も決まった。

10.21

「次は日本シリーズだ」

(C)河北新報社

（1）　（第三種郵便物認可）　河北新報　平成２５年(2013年)１０月２１日(月曜日)　©河北新報社 2013

河北新報　号外

発行所
仙台市青葉区五橋１－２－２８
河北新報社

最新ニュースは携帯サイトで

東北楽天 CS突破

巨人と日本シリーズ

東北楽天―ロッテ第４戦

	1	2	3	4	5	6	7	8	9	計
ロッテ	0	0	0	4	0	0	1	0	0	5
東北楽天	1	2	0	2	0	0	1	2	×	8

プロ野球パ・リーグのクライマックスシリーズ（CS）は21日、仙台市宮城野区の日本製紙クリネックススタジアム宮城（Kスタ宮城）でファイナルステージ（6試合制）の第4戦が行われ、東北楽天がロッテに8―5で勝った。東北楽天はリーグ優勝による1勝のアドバンテージを含め通算成績を4勝1敗としてCSを突破、球団創設9年目で初の日本シリーズ進出を決めた。

東北楽天は3―4の四回にジョーンズ外野手が2ランを放ち5―4と逆転。追い付かれたが、七回にマギー内野手のソロ本塁打で勝ち越し、八回も2点を加えた。八回は則本昂大、九回は田中将大両投手が無得点に抑え逃げ切った。

試合後は星野仙一監督が胴上げされ、7度宙に舞った。

日本シリーズは26日にKスタ宮城で開幕。東北楽天はセ・リーグのCSを突破した巨人と戦う。

CSを突破し胴上げされる東北楽天の星野監督＝21日午後９時40分、Kスタ宮城

(C)河北新報社

（第三種郵便物認可）　河北新報　平成２５年(2013年)１０月２１日(月曜日)　（2）

プレーバック　イーグルス　CSファイナルステージ

先発陣底力

流れつかむ

田中貫禄、銀次援護弾

第1戦（17日）

東北楽天―ロッテ第１戦（東北楽天１勝、18時６分、Kスタ宮城、24,332人）

田中は素晴らしい

星野仙一監督の話　ほっとした。まさか田中で負けるわけにはいかない。これだけベンチと監督の期待通りに投げてくれるのは素晴らしい。銀次は練習でも打たないような素晴らしいホームラン。頼もしい男になった。

大事な初戦を完封勝利で飾りガッツポーズする田中

チーム黒星も則本力投

第2戦（18日）

東北楽天―ロッテ第２戦（１勝１敗、18時６分、Kスタ宮城、24,097人）

（延長10回）

野球の神様厳しい

星野仙一監督の話　野球の神様は厳しい。バントを決めないと。そこを逃すから相手に流れがいく。ボール球打ちが目立つから修正して意識を変えないと。

美馬 鮮やか完封

第3戦（19日）

東北楽天―ロッテ第３戦（東北楽天２勝１敗、14時５分、Kスタ宮城、24,396人）

やればできるんだ

星野仙一監督の話　美馬は入団以来、一番だな。やればできるんだ。俺が悪いんだな。（いつもは）早く代えるから。嶋は２球インサイドが続いたが、里崎の配球の癖を読み、引っ張って打った。いつもは（右翼方向へ）おっつけて打つんだが。

9.26 「悲願のパ・リーグ初優勝」

（1）　（第三種郵便物認可）　河　北　新　報　平成２５年(2013年)９月２６日(木曜日)　©河北新報社 2013

河北新報 号外

発行所
仙台市青葉区五橋１−２−２８
河北新報社
最新ニュースは携帯サイトで

楽天初V

プロ野球パ・リーグは26日、就任３年目の星野仙一監督（66）率いる東北楽天が、球団創設９年目で初優勝を果たした。優勝へのマジックナンバーを「２」として迎えた西武22回戦（西武ドーム）に４−３で勝ち、２位ロッテが日本ハムに５−６で敗れたため、優勝が決まった。星野監督が胴上げされ７度、宙に舞った。

リーグ優勝を決め、胴上げされる東北楽天の星野監督＝26日午後９時50分ごろ、埼玉県所沢市の西武ドーム

のヒーロー

年目は第１戦に勝利しながら、２戦目は０－26でロッテに
５位に25ゲーム差をつけられての最下位。1970年のヤクル

仙一監督が、チームをパ・リーグの頂点に導いた。
勝記録を次々と更新。課題だった得点力は、メジャー通算
大きく向上した。嶋基宏捕手、松井稼頭央内野手ら中堅や
月４日以降は首位を明け渡すことなく歓喜の時を迎えた。

9月8日(Kスタ宮城)＝2009年以来の70勝到達

ヒーロー　**則本**（８回途中１失点で13勝目）07年の田中の11勝を超え、ルーキー球団勝利数を更新し続けている。３月29日には29年ぶりの新人開幕投手を務めた

8月28日（京セラドーム大阪）＝球団初のマジック「29」が点灯

ヒーロー　**銀次**（６回に勝ち越し打）非凡な打撃センスが開花した８年目の25歳。守備も向上した

8月23日(Kスタ宮城)＝連敗が５でストップ

ヒーロー　**田中**（７回無失点で開幕18連勝）負けないエースとして真骨頂を見せた。初優勝の最大の立役者

東北楽天の歩み（2009～13年）

09年

4・3　開幕戦、岩隈がダルビッシュに投げ勝つ
4・29　野村監督、通算1500勝達成。田中４連続完投勝利
7・8　山崎武1500安打達成
8・8　鉄平、24試合連続安打
8・13　山崎武1000打点
8・16　山崎武350号
10・3　５本塁打で初のＣＳ進出決める
10・9　２位確定、ＣＳ本拠地開催へ
10・11　野村監督に名誉監督就任を要請。鉄平が首位打者に
10・16　ＣＳ第１ステージ初戦で大勝。岩隈が完投
10・17　第２戦は田中が完投、山崎武３ラン＝写真⑤＝
10・21　第２ステージ初戦、福盛が逆転サヨナラ満塁弾喫す
10・22　第２戦、岩隈で勝てず
10・23　第３戦、田中が完投勝利
10・24　第４戦、岩隈救援も敗退。退任の野村監督を胴上げ
10・29　ドラフト会議で戸村、西田らを指名
11・3　三村編成部長が急逝
11・11　ブラウン監督が就任会見、「楽天を常勝チームに」

10年

3・18　新大型ビジョンお披露目
3・20　開幕戦、オリックスに０－１。岩隈１球に泣く
4・10　球団通算300勝。勝利投手は岩隈
8・31　岩隈、通算100勝達成
9・23　ブラウン監督、通算最多を更新する12度目の退場。二塁ベースを投げようとして引き抜けず＝写真⑥＝
9・29　ブラウン監督の解任を発表。最下位でシーズン終了
10・27　星野監督が就任会見、「東北を熱くする」
10・28　ドラフト会議で塩見、美馬、阿部ら指名
11・17　岩村が入団会見
11・29　松井が入団会見、「優勝に貢献したい」
12・9　渡辺直が横浜へ移籍

11年

3・11　兵庫・明石でのオープン戦中に東日本大震災が発生
4・2　札幌で慈善試合。「見せましょう、野球の底力を」と嶋
4・7　１カ月ぶりに帰仙。深夜に震度６強の余震
4・12　開幕戦、嶋が勝ち越し３ラン＝写真⑦＝
7・24　Ｋスタ宮城で復興支援の球宴第３戦。田中が先発
7・26　松井1500安打。1233試合で到達はプロ野球最速
8・18　山崎武400号
8・23　球団通算400勝。岩隈1500投球回
10・10　山崎武退団、ファンに別れ
10・19　５位でシーズン終了。
10・20　田中が最多勝、最優秀防御率、最優秀投手（勝率７割９分２厘）の３冠
10・27　ドラフト会議で武藤、釜田、岡島、島内ら指名
11・2　岡山県倉敷市で初の秋季キャンプ開始
11・14　田中が沢村賞受賞

12年

1・6　マリナーズ、岩隈との契約を発表
3・30　開幕戦、ロッテに３－５。田中まさかの５失点
5・11　星野監督、通算1000勝
5・16　青山６試合連続セーブのプロ野球タイ記録
5・30　巨人・杉内に無安打無得点試合喫す
7・31　島田オーナー兼社長が退任
8・1　三木谷氏がオーナー復帰、立花氏が社長就任
10・8　４位でシーズン終了。聖沢が盗塁王、田中が最多奪三振
10・25　ドラフト会議で森、則本ら指名
11・8　田中が２年連続のゴールデングラブ賞
12・6　日本プロ野球選手会第８代会長に嶋

13年

1・8　斎藤が入団会見、「故郷仙台で優勝を」
1・29　ジョーンズ、マギーが入団会見
3・25　Ｋスタ宮城、「Ｅウィング」お披露目
3・29　則本開幕投手。パの新人では55年ぶり
4・27　球団通算500勝
5・5　星野監督通算1066勝。川上氏に並び歴代10位
5・6　斎藤、日本球界で８年ぶり勝利＝写真⑧＝
5・25　聖沢が659連続守備機会無失策。外野手のパ新記録
6・25　球団新記録の22安打
7・4　６月以降では球団初の首位
7・28　ジョーンズ日米通算2000安打
8・4　プロ野球新記録の１イニング７二塁打
8・9　田中、開幕16連勝のプロ野球新記録
8・16　田中、昨季から21連勝。稲尾抜き新記録
8・28　球団初のマジックナンバー「28」が点灯
8・29　則本、田中の１年目を上回る12勝目
9・3　内野特設スタンド開設
9・4　球団最速、主催試合観客数100万人突破
9・13　田中開幕21連勝。外野特設スタンド開設

（3）　（第三種郵便物認可）　河　北

輝いた 勝

苦節９年、東北楽天がついに初優勝を果たした。2005年の参入１
屈辱的大敗を喫した。成績は38勝97敗１分けの勝率２割８分１厘、
ト（２割６分４厘）以来、35年ぶりの最終勝率２割台だった。
　それから８年を経た2013年。球団史上４人目の指揮官である星野
イヌワシ戦士たちは躍動した。エース田中将大投手は開幕から連
434本塁打のジョーンズ外野手、61本塁打のマギー外野手の加入で
ベテラン、銀次内野手、枡田慎太郎内野手ら若手の力もかみ合い、７

東北楽天の歩み（2004～08年）

2004年

6・13　オリックスと近鉄、合併で合意と発表
6・30　ライブドアが近鉄買収の意向表明
9・15　楽天がプロ野球参入の意思表明
9・22　楽天、宮城球場を本拠地に日本野球機構に加盟申請すると発表
10・5　キーナート氏のGM就任を発表
10・13　初代監督に田尾氏、「東北の野球ファンの熱意に応えたい」
10・22　球団名決定、「東北楽天ゴールデンイーグルス」に
11・2　楽天の新規参入が決定。50年ぶり新球団
11・8　分配ドラフトで礒部、高須ら獲得
11・9　自由獲得枠で一場の入団決定
11・13　大阪・藤井寺で初の秋季キャンプ始まる
11・17　ドラフト会議で渡辺恒、塩川らを指名
12・6　宮城球場のバックスクリーン解体始まる＝**写真①**＝
12・22　岩隈の楽天移籍が決定、「東北全体を盛り上げたい」

05年

1・22　仙台市でパレード、３万人が声援。宮城球場の命名権売却で合意、新球場名は「フルキャストスタジアム宮城」に
2・1　沖縄・久米島で初のキャンプスタート
2・26　オープン戦初戦、４－３で巨人に競り勝つ
3・20　フルキャストスタジアム宮城が完成式
3・26　開幕戦、３－１でロッテを下す。岩隈が完投。田尾監督、三木谷オーナーも笑顔＝**写真②**＝
3・27　悪夢の26失点、記録的大敗＝**写真③**＝
4・1　本拠地開幕戦、西武に16－５で快勝。礒部が先頭打者本塁打。岩隈が勝利投手
4・27　11連敗喫す
4・30　キーナートGM解任、山下ヘッドコーチ２軍降格
8・23　２度目の11連敗で00敗
8・29　単独最下位が確定
9・13　リーグ40年ぶりの90敗
9・25　田尾監督の解任を発表
9・28　38勝97敗１分けで１年目終了
10・3　高校生ドラフトで片山、宇部（銀次）、枡田を指名
11・18　大学・社会人ドラフトで松崎、青山、草野ら指名
12・2　野村監督が就任会見、「知識と経験そそぐ」

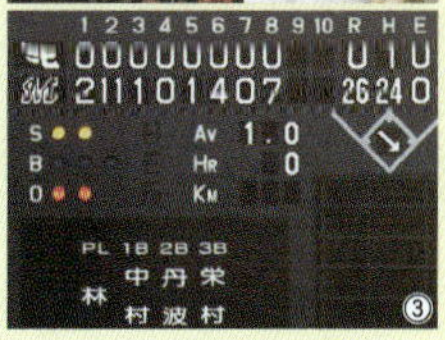

06年

3・21　泉犬鷲寮、泉練習場「デンコードースタジアム泉」など２軍施設竣工式
3・25　開幕戦、一場が先発。日本ハムに１－３で敗れる
4・28　礒部1000安打
5・25　ヤクルト・ガトームソンに無安打無得点試合喫す
9・5　吉田600試合登板
9・25　高校生ドラフトで田中の交渉権を獲得
10・1　最下位でシーズン終了
11・21　大学・社会人ドラフトで永井、嶋、渡辺直ら指名

07年

3・24　開幕戦、西武に２－５。岩隈３発浴びる
3・29　田中がソフトバンク戦でプロ初登板、１回⅔で６失点
4・18　田中、完投で初勝利。13三振奪う
5・11　球団通算100勝。山村が白星
7・21　仙台で15年ぶり球宴。田中先発、山崎武が先制２ラン
8・3　野村監督が「マー君、神の子、不思議な子」とコメント
9・28　フルキャストとの命名権契約を解消
10・3　高校生ドラフトで寺田、石田、菊池を指名
10・5　初の最下位脱出、４位で３年目を終了。山崎武が本塁打王、打点王の２冠
11・19　大学・社会人ドラフトで長谷部、伊志嶺、聖沢を指名
11・20　田中がパ新人王
12・21　球場新名称「日本製紙クリネックススタジアム宮城」に。略称は「Kスタ宮城」

08年

1・1　三木谷氏がオーナーを退任し会長に。島田氏がオーナー兼社長に
3・20　開幕戦、岩隈好投もドミンゴがサヨナラ弾浴びる
4・3　山崎武300号、初の単独首位
6・14　岩手・宮城内陸地震で巨人戦が中止に
8・19　球団通算200勝。長谷部プロ初勝利
10・5　岩隈21勝、プロ野球23年ぶり＝**写真④**＝
10・7　５位で４年目を終了。岩隈が最多勝利、最優秀防御率、最優秀投手（勝率８割４分）の３冠。リックが首位打者
10・30　ドラフト会議で藤原、中川、辛島ら指名
11・3　岩隈が沢村賞受賞
11・21　岩隈がパMVP受賞
12・5　中日から中村紀が入団。球団初のＦＡ選手獲得

5月8日（札幌ドーム）＝4月の低迷から脱出、勝率5割復帰

ヒーロー　**マギー**（３回に３ラン）勝負強い５番としてジョーンズと共に打線をけん引。守備も堅実

7月4日（Kスタ宮城）＝首位タイ浮上。6月以降では球団初

ヒーロー　**ジョーンズ**（２打席連続２ラン）頼れる大砲。選球眼も良く四死球数はリーグトップ。研究熱心でもある

7月26日（Kスタ宮城）＝田中の窮地救う

ヒーロー　**嶋**（サヨナラ打）九回まで１－２と田中が苦しんだ試合で殊勲打。投手陣からのリードへの信頼も厚い

◇東北楽天・年度別成績

年度	監督	順位	試合	勝利	敗北	引分	勝率	差
2005	田尾　安志	6	136	38	97	1	.281	51.5
2006	野村　克也	6	136	47	85	4	.356	33.0
2007	野村　克也	4	144	67	75	2	.472	13.5
2008	野村　克也	5	144	65	76	3	.461	11.5
2009	野村　克也	2	144	77	66	1	.538	5.5
2010	M・ブラウン	6	144	62	79	3	.440	15.0
2011	星野　仙一	5	144	66	71	7	.482	23.5
2012	星野　仙一	4	144	67	67	10	.500	7.5
2013	星野　仙一	1	134	79	53	2	.598	9.5

（注）差は１位とのゲーム差。2013年は26日現在、差は２位とのゲーム差

10.17 楽天 EAGLES 2 — 0 ロッテ MARINES

第1戦

田中、納得の完封

要所で力のある直球

初戦を完封で飾り、ガッツポーズの田中

東北楽天―ロッテ第1戦（東北楽天1勝、18時6分、Kスタ宮城、24,332人、東北楽天には1勝のアドバンテージ）

	1	2	3	4	5	6	7	8	9	計
ロッテ	0	0	0	0	0	0	0	0	0	0
東北楽天	0	0	0	1	0	0	0	1	x	2

マギー 貴重な追加点

勝田中1試合1勝
敗成瀬1試合1敗
本銀次1号①（成瀬）

東北楽天は田中が完封勝利を挙げた。打たせて取りながら要所では力のある直球を軸に攻めた。先頭打者の出塁を一度も許さず、7安打1四球ながら三塁を踏ませなかった。打線は四回に銀次の右越えソロで先制、八回は2死一、二塁からマギーの左前適時打で追加点を挙げた。

ロッテは一、二回の先制機をつぶすなど好機に一本が出ず、7回1失点と好投した成瀬を援護できなかった。

「田中がんばれ!」。本拠地・Kスタ宮城で試合開始前から盛り上がる東北楽天ファン

イヌワシ ろっかーるーむ

佐藤義則投手コーチ

田中が完封勝利

ブルペンよりは良くなかった。ちょっとプレッシャーがあったのかな。こういう試合で頑張ってもらわないと、と思っていたが、ゼロで抑えてくれたね。よくやってくれた

嶋基宏捕手

田中を好リード

スライダーはいつも以上に切れ、球速があったので多く投げさせた。田中は大事な試合でいつも通り投げられるというメンタリティーが一番素晴らしい

❶	ロッテ	打	安	点	振	球	本	打率	1	2	3	4	5	6	7	8	9
(二)	根元	3	0	0	1	1		.000	三振	・・・	二ゴ	・・・	四球	・・・	・・・	左飛	・・・
(中)	岡田	4	1	0	0	0		.250	遊安	・・・	左飛	・・・	遊ゴ	・・・	・・・	遊失	・・・
(一)	井口	4	0	0	2	0		.000	一邪	・・・	三振	・・・	・・・	右飛	・・・	三振	・・・
(三)	今江	4	1	0	1	0		.250	中安	・・・	・・・	三振	・・・	二ゴ	・・・	右飛	・・・
(左)	角中	4	1	0	1	0		.250	投ゴ	・・・	・・・	三振	・・・	右安	・・・	・・・	二ゴ
(指)	サブロー	4	0	0	2	0		.000	・・・	三ゴ	・・・	投ゴ	・・・	三振	・・・	・・・	三振
(遊)	鈴木	4	1	0	2	0		.250	・・・	右2	・・・	・・・	二ゴ	・・・	三振	・・・	三振
(右)	清田	3	2	0	0	0		.667	・・・	三安	・・・	・・・	遊ゴ	・・・	左安	・・・	・・・
(捕)	里崎	3	1	0	0	0		.333	・・・	遊併	・・・	・・・	左安	・・・	二併	・・・	・・・
犠盗失併残	00127	33	7	0	9	1		.212									

	東北楽天	打	安	点	振	球	本	打率	1	2	3	4	5	6	7	8	9
(右)	岡島	4	1	0	0	0		.250	二ゴ	・・・	左飛	・・・	二ゴ	・・・	・・・	三安	・・・
(二)	藤田	3	1	0	0	0		.333	中飛	・・・	投ゴ	・・・	・・・	中安	・・・	投ギ	・・・
(一)	銀次	2	1	1	0	2	❶	.500	四球	・・・	・・・	右本	・・・	右飛	・・・	四球	・・・
(指)	ジョーンズ	4	1	0	2	0		.250	三振	・・・	・・・	左2	・・・	左飛	・・・	三振	・・・
(三)	マギー	3	2	1	0	1		.667	・・・	左飛	・・・	遊安	・・・	四球	・・・	左安	・・・
(左)	枡田	4	1	0	0	0		.250	・・・	右2	・・・	二併	・・・	遊飛	・・・	左飛	・・・
左	森山	0	0	0	0	0		——	・・・	・・・	・・・	・・・	・・・	・・・	・・・	・・・	・・・
(遊)	松井	3	0	0	1	0		.000	・・・	左飛	・・・	三振	・・・	・・・	二飛	・・・	・・・
(捕)	嶋	3	1	0	2	0		.333	・・・	三振	・・・	・・・	三振	・・・	中安	・・・	・・・
(中)	聖沢	3	0	0	0	0		.000	・・・	・・・	左飛	・・・	投ゴ	・・・	遊併	・・・	・・・
犠盗失併残	10127	29	8	2	5	3		.276									

二鈴木、枡田、ジョーンズ犠藤田失角中、松井
時2時間55分

投手	回	打	投	安	振	球	失	責	防御率
●成瀬	7	27	97	6	4	2	1	1	1.29
レデスマ	1/3	3	13	1	0	1	1	1	27.00
西野	1/3	2	12	1	1	0	0	0	0.00
服部	1/3	1	4	0	0	0	0	0	0.00
○田中	9	34	120	7	9	1	0	0	0.00

銀次一発「平常心」

四回に先制ソロを放ち、こぶしを突き上げ一塁を回る東北楽天・銀次

八回2死一、二塁で左前タイムリーを打ち、試合を決めたマギーの一振り

東北楽天の勝利にメガホンをたたいて喜ぶ被災地のファン(石巻市・みやぎ生協文化会館)

ロッテ打線を完封し、チームメートとハイタッチで喜び合う田中

力投120球「あす以降につながる」

今季公式戦24勝無敗の田中がエースの真価を発揮した。大一番で、120球の完封勝利。「初戦を取れたのは大きい」。お立ち台で笑みがこぼれた。

一回、先頭根元(東北福祉大出)への初球は150キロの直球。「いい緊張感の中でやれている喜びはあった」。勢いのあるボールには、この一戦に懸ける熱い気持ちがこもっていた。

積極的に振ってくるロッテ打線に7安打を許した。だがシーズン中と同様、要所を締める。一、二回と得点圏に走者を背負ったが後続を断った。八回は失策で1死一塁とされたが、「ヤマ場はここ」と集中力を高め、井口を変化球で3球三振、今江は1球で右飛に打ち取った。

九回2死。鈴木を「最後に一番いい球がいった」というこの日最速の151キロで見逃し三振に仕留めると、ガッツポーズが飛び出した。

初戦の重要性は2009年に痛感した。日本ハムとのCS第2ステージは黒星発進。田中自身は3戦目で完投勝利を挙げたが、チームは波に乗れぬまま1勝4敗で敗退。だからこそ、チームを勢いづける勝利を「あす以降につながる」と喜んだ。

CSは09年の第1ステージ2戦目も含め、3戦全てで完投勝利。ポストシーズンでも無敗神話は続くか。

10.18 楽天 EAGLES 2 — 4 ロッテ MARINES

第2戦

楽天 延長競り負け

則本9回1失点 打線の援護なく

9回1失点の力投が実らなかった東北楽天先発の則本

東北楽天―ロッテ第2戦（1勝1敗、18時6分、Kスタ宮城、24,097人、東北楽天には1勝のアドバンテージ）

	1	2	3	4	5	6	7	8	9	10	計
ロッテ	0	0	0	0	0	0	1	0	0	3	4
東北楽天	0	0	0	0	0	0	0	0	1	1	2

（延長10回）

延長10回 粘れず

勝内1試合1勝
敗金刃1試合1敗
本ジョーンズ1号①（内）ブラゼル1号①（金刃）聖沢1号①（内）

東北楽天は救援陣が崩れ、延長戦の末に競り負けた。1―1の十回、2番手金刃がブラゼルに勝ち越しソロを浴びた。さらに1死二、三塁から、4番手長谷部が根元に2点適時打を許した。先発則本は9回4安打1失点の好投。打線は九回、ジョーンズが同点ソロを放ったが、3併殺を喫するなどつながりを欠いた。

ロッテは先発グライシンガーが6回無失点と好投。打線も粘りがあった。

「チバリヨー（頑張れ）」。春季キャンプ地の沖縄県久米島町から応援に駆け付けた「東北楽天久米島協力会」の皆さん

❷ ロッテ		打	安	点	振	球	本	打率	1	2	3	4	5	6	7	8	9	10
(二)	根元	5	1	2	2	0		.125	二ゴ	…	三振	…	…	三振	…	中飛	…	中安
(中)	岡田	5	0	0	0	0		.111	一ゴ	…	…	一ゴ	…	左飛	…	…	三ゴ	一ゴ
(一)	井口	3	1	0	1	1		.143	三振	…	…	一邪	…	…	中安	…	死球	…
走一	細谷	0	0	0	0	0		——	…	…	…	…	…	…	…	…	…	…
打一	福浦	1	0	0	0	0		.000	…	…	…	…	…	…	…	…	…	左飛
(三)	今江	4	2	0	2	0		.375	…	三安	…	三振	…	…	中安	…	三振	…
(左)	角中	3	1	0	0	0		.286	…	三ギ	…	…	中安	…	二飛	…	一直	…
左	加藤	0	0	0	0	0		——	…	…	…	…	…	…	…	…	…	…
(指)	サブロー	2	0	0	2	0		.000	…	三振	…	…	三振	…	…	…	…	…
打指	ブラゼル	2	1	2	0	0	❶	.500	…	…	…	…	…	…	投ゴ	…	…	右本
(遊)	鈴木	4	1	0	0	0		.250	…	右飛	…	…	一ゴ	…	一ゴ	…	…	右安
(右)	清田	4	1	0	2	0		.429	…	…	三振	…	二飛	…	…	三振	…	中安
(捕)	里崎	3	0	0	2	0		.167	…	…	三振	…	…	三邪	…	三振	…	一ギ
犠盗失併残	2 1 1 3 5	36	8	4	11	1		.217										

東北楽天		打	安	点	振	球	本	打率	1	2	3	4	5	6	7	8	9	10
(右)	岡島	5	2	0	0	0		.333	左安	…	投ゴ	…	…	中安	…	二併	…	遊ゴ
(二)	藤田	2	1	0	0	0		.400	捕ギ失	…	…	右安	…	投ギ	…	二ゴ	…	…
(一)	銀次	3	0	0	1	0	①	.200	三ギ	…	…	三邪	…	三振	…	…	遊ゴ	…
(指)	ジョーンズ	4	2	1	0	0	❶	.375	三直	…	…	中安	…	遊ゴ	…	…	左本	…
(三)	マギー	3	1	0	0	1		.500	…	右飛	…	一邪	…	…	四球	…	右安	…
(左)	枡田	4	0	0	1	0		.125	…	二ゴ	…	三振	…	…	投ゴ	…	遊併	…
左	森山	0	0	0	0	0		——	…	…	…	…	…	…	…	…	…	…
(遊)	松井	4	0	0	1	0		.000	…	二ゴ	…	…	三振	…	左飛	…	…	中飛
(捕)	嶋	4	0	0	1	0		.143	…	…	三振	…	右飛	…	二ゴ	…	…	二ゴ
(中)	聖沢	3	1	1	1	1	❶	.167	…	…	遊ゴ	…	三振	…	…	四球	…	右本
犠盗失併残	3 0 0 0 5	32	7	2	5	2		.246										

ギ角中、里崎、藤田2、銀次盗岡田（1）失根元暴ロサ＝7回ボ則本＝9回
時3時間25分

投手	回	打	投	安	振	球	失	責	防御率
グライシンガー	6	22	88	4	5	0	0	0	0.00
Hロサ	1	4	13	0	0	1	0	0	0.00
H益田	1	3	14	0	0	1	0	0	0.00
○内	2	8	19	3	0	0	2	2	9.00
則本	9	32	125	4	11	1	1	1	1.00
●金刃	0/3	2	11	2	0	0	2	2	——
小山伸	1/3	2	3	1	0	0	1	1	27.00
長谷部	0/3	1	3	1	0	0	0	0	0.00
レイ	2/3	2	7	0	0	0	0	0	0.00

（注）Hはホールド

五回ロッテ無死一塁、サブローの捕邪飛を叫びながら指示する則本

戦況を見つめる東北楽天ベンチ

楽天 負のリレー

救援陣、見えぬ勝利の鍵

十回ロッテ1死二、三塁、根元に2点中前打を浴び、ぼうぜんとした表情で打球の行方を追う東北楽天4番手の長谷部

十回ロッテ無死、ブラゼルに勝ち越しソロを浴びた東北楽天2番手の金刃

拙攻、つながり欠く

金刃勝ち越しソロ被弾、小山伸ピンチ招き、長谷部適時打許す

レギュラーシーズン中から抱えるリリーフ陣の不安が繰り返された。1－1の延長十回、2番手以降の3投手が一発を含む計4安打を浴び3失点。負ければ後がなくなるロッテ打線に屈した。

ブラゼル、鈴木と左打者が続くこの回、まずマウンドに上がったのは左腕の金刃。佐藤投手コーチは「スライダーの変化が大きい。調子も良かった」と手応えを感じて送り出した。

ブラゼルへの1、2球目、外角へのスライダーがボールとなった。フルカウントまで立て直したが、6球目、やはりスライダーを右翼ポール際に運ばれた。バットの先だったが「あそこまで飛ばされるのは高かったということ。僕のせいです」と金刃は唇をかんだ。

鈴木にも安打を許し降板。続く小山伸は安打と犠打で1死二、三塁と傷口を広げた。4番手長谷部は根元（東北福祉大出）を2球で簡単に追い込んだ後、3球目のスライダーを中前に運ばれ、2者が生還。ほぼ勝負が決した。「ボール球でよかったのに」。失投を悔やんだ。

継投の「勝利の方程式」が見つからない。「今のメンバーしかいない。場面、場面でやりくりするしかない」と佐藤投手コーチ。救援陣の奮起とベンチの戦略が鍵を握る。

第3戦

東北楽天 日本シリーズへあと1勝

全快の美馬 全開 初完封

10.19 楽天 EAGLES 2 — 0 ロッテ MARINES

ロッテ打線を4安打完封した東北楽天・美馬

東北楽天—ロッテ第３戦（東北楽天２勝１敗、14時５分、Ｋスタ宮城、24,396人、東北楽天には１勝のアドバンテージ）

ロッテ	0	0	0	0	0	0	0	0	0	0
東北楽天	0	2	0	0	0	0	0	0	×	2

六回ロッテ二死、角中を遊ゴロに打ち取り、してやったりの表情の美馬

リード守り切る

勝美馬１試合１勝
敗古谷１試合１敗

東北楽天は先発美馬が４安打で完封勝利を挙げた。直球を主体にカーブ、シュートなど多彩な変化球を効果的に織り交ぜ、三塁を踏ませなかった。打線は二回２死一、三塁から嶋の左翼線二塁打で２点を先行。このリードを守り切った。

ロッテの先発古谷は六回途中２失点と好投したが、２死走者なしからの失点が痛かった。打線は二、三回の好機に一打を欠いた。

❸ ロッテ	打安点振球	本	打率	1	2	3	4	5	6	7	8	9
(二) 根元	42000		.250	二ゴ		中安		左安			二ゴ	
(中) 岡田	30000		.083	投ゴ		遊ゴ		一ゴ				
打 伊志嶺	10000		.000								二ゴ	
捕 田村	00000		——									
(一) 井口	20012		.111	右飛		四球			三振			四球
(三) 今江	40020		.250		三振	一直			三振			二併
(左) 角中	41000		.273		左安		一ゴ		遊ゴ			左飛
(指) ブラゼル	30020	①	.200		三振		一ゴ			三振		
(遊) 鈴木	31000		.273		左安		右飛			右飛		
(右) 清田	30000		.300		右飛			中飛		遊ゴ		
(捕) 里崎	20010		.125			三振		中飛				
打中 加藤	10010		.000								三振	
犠盗失併残 00105	304072		.192									

東北楽天	打安点振球	本	打率	1	2	3	4	5	6	7	8	9
(右) 岡島	41000		.308	三ゴ		二直		投ゴ		中安		
(二) 藤田	40010		.222	二ゴ		三振		中飛		遊ゴ		
(一) 銀次	31011	①	.250	中飛		三振			中安	四球		
(指) ジョーンズ	40030	①	.250		三振		中飛		三振	三振		
(三) マギー	31001		.444		二ゴ		右飛		四球		右安	
(左) 枡田	20001		.100		死球		遊ゴ		右飛			
左 牧田	00000		.000								一ギ	
(遊) 松井	31011		.100		中安			三振	四球		左邪	
(捕) 嶋	41210		.182		左2			一失	遊ゴ		三振	
(中) 聖沢	31010	①	.222		左飛			左安		三振		
犠盗失併残 10019	306284		.231									

二嶋ギ牧田失井口
時３時間

投手	回	打	投	安	振	球	失	責	防御率
●古谷	5⅔	21	75	4	4	1	2	2	3.60
西野	2	10	43	1	3	3	0	0	0.00
ロサ	1	4	17	1	1	0	0	0	0.00
○美馬	9	32	128	4	7	2	0	0	0.00

イヌワシ ろっかーるーむ

三輪隆バッテリーコーチ

嶋を高く評価

丁寧に放らせていた。美馬も内角に投げ切っていた。ロッテ打線はヤマを張ってくるので、カーブが有効だと伝えていた。この３連戦は嶋がよくリードしている

二回東北楽天2死一、三塁、嶋の左翼線二塁打で三走枡田に続き一走松井も生還。捕手里崎

松井技あり走塁

ロッテを完封し喜ぶ東北楽天・美馬(右)と、決勝タイムリーの嶋

美馬らの活躍にスタンドの熱気は最高潮

二回東北楽天2死一、三塁、嶋が左翼線に2点二塁打

美馬 128球攻め貫く

美馬が大仕事をやってのけた。レギュラーシーズンでも未経験の完封勝利。「まさか、きょうできるとは思わなかった」と、自分自身に驚きながら充実感に浸った。

2－0の九回。井口に四球を与え、初めて先頭打者を出した。これまで四球から崩れる悪い癖があったが、この日は踏ん張った。続く今江を内角のシュートで二ゴロ併殺打に。「狙い通り。気持ちが楽になった」。最後の打者角中を左飛に仕留め、嶋とマウンド上で抱き合った。

4日の西武戦で古傷の右肘に違和感を訴え、三回途中で降板した。幸い軽症で、3日後には投球練習を再開できたが「戻ってこられるとは思わなかった」。CS3戦目の先発に指名され、「うれしかった。あんな状態で(マウンドを)降りたのに」。首脳陣の期待に最高の投球で応えた。

第4戦

東北楽天CS突破

これぞ快腕 田中と則本

10.21 楽天 EAGLES **8 — 5** ロッテ MARINES

日本シリーズ出場を決め、全員で万歳をする東北楽天ナイン(Kスタ宮城)

東北楽天―ロッテ第４戦（東北楽天３勝１敗、18時６分、Kスタ宮城、24,264人。東北楽天には１勝のアドバンテージ）

ロッテ	0	0	0	4	0	0	1	0	0	5
東北楽天	1	2	0	2	0	0	1	2	×	8

打撃戦を制す

勝 斎藤１試合１勝
S 田中２試合１勝１S
敗 ロサ３試合１敗
本 G・G・佐藤１号③（辛島）ジョーンズ２号②（西野）マギー１号①（ロサ）

東北楽天が打撃戦を制し、初の日本シリーズ進出を決めた。３―４の四回にジョーンズの２ランで逆転、七回に同点とされたが、その直後にマギーのソロで勝ち越した。八回は藤田と銀次の適時打で２点を加えた。先発辛島は４回４失点。五回以降は小刻みな継投でロッテの反撃を１点にしのぎ、八回は則本、九回は田中が無得点に抑えた。

ロッテは四回にG・G・佐藤の３ランで試合をひっくり返したが、投手陣が粘り切れなかった。

九回に6番手として登板しセーブを挙げた東北楽天・田中

イヌワシ ろっかーるーむ

辛島航投手

先発して4回4失点

きょうはチームが勝てたことだけが良かった。ただそれだけです

❹

	ロッテ	打	安	点	振	球	本	打率	1	2	3	4	5	6	7	8	9
(二)	根元	4	2	1	2	0		.313	三振	・・・	三振	・・・	捕ギ	・・・	中安	・・・	左安
(中)右	清田	4	1	0	0	0		.286	右飛	・・・	・・・	左安	投ゴ	・・・	右邪	・・・	・・・
打	福浦	1	1	0	0	0		.500	・・・	・・・	・・・	・・・	・・・	・・・	・・・	・・・	右安
走	伊志嶺	0	0	0	0	0		.000	・・・	・・・	・・・	・・・	・・・	・・・	・・・	・・・	・・・
(一)	井口	4	1	0	1	1		.154	遊ゴ	・・・	・・・	左2	三振	・・・	四球	・・・	三ゴ
(三)	今江	4	0	1	0	0		.188	・・・	中飛	・・・	遊ゴ	・・・	一ゴ	中飛	・・・	・・・
(右)左	角中	4	1	0	0	0		.267	・・・	左飛	・・・	遊飛	・・・	左2	・・・	二ゴ	・・・
(左)	サブロー	3	0	0	0	1		.000	・・・	三ゴ	・・・	四球	・・・	遊ゴ	・・・	三飛	・・・
中	加藤	0	0	0	0	0		.000	・・・	・・・	・・・	・・・	・・・	・・・	・・・	・・・	・・・
(指)	G・G・佐藤	3	1	3	1	0	❶	.333	・・・	・・・	三振	左本	・・・	遊ゴ	・・・	・・・	・・・
打指	ブラゼル	1	0	0	0	0	①	.167	・・・	・・・	・・・	・・・	・・・	・・・	・・・	中飛	・・・
(遊)	鈴木	4	2	0	0	0		.333	・・・	・・・	右2	中飛	・・・	・・・	右安	・・・	捕邪
(捕)	里崎	2	1	0	0	0		.200	・・・	・・・	右飛	・・・	右2	・・・	捕ギ	・・・	・・・
打	金沢	1	0	0	0	0		.000	・・・	・・・	・・・	・・・	・・・	・・・	・・・	・・・	一ゴ
犠盗失併残	20107	35	10	5	4	2		.216									

	東北楽天	打	安	点	振	球	本	打率	1	2	3	4	5	6	7	8	9
(右)	岡島	4	1	1	1	1		.294	死球	二ゴ	・・・	三振	・・・	三邪	・・・	一安	・・・
(二)	藤田	3	1	1	0	2		.250	四球	四球	・・・	投ゴ	・・・	遊ゴ	・・・	左安	・・・
(一)	銀次	4	3	2	0	1	①	.417	投安	左安	・・・	四球	・・・	・・・	一ゴ	左安	・・・
(指)	ジョーンズ	4	1	3	1	0	❷	.250	左犠	遊ゴ	・・・	左本	・・・	・・・	中飛	三振	・・・
(三)	マギー	4	1	1	1	0	❶	.385	捕邪	・・・	中飛	三振	・・・	・・・	左本	・・・	・・・
(左)	枡田	3	0	0	1	0		.077	右飛	・・・	左飛	・・・	三振	・・・	・・・	・・・	・・・
左	牧田	1	0	0	0	0		.000	・・・	・・・	・・・	・・・	・・・	・・・	遊ゴ	・・・	・・・
(遊)	松井	4	2	0	0	0		.214	・・・	左安	右2	・・・	二ゴ	・・・	・・・	二ゴ	・・・
(捕)	嶋	1	0	0	0	2		.167	・・・	一ギ	四球	・・・	左飛	・・・	・・・	四球	・・・
(中)	聖沢	4	1	0	1	0	①	.231	・・・	右安	遊ゴ	・・・	・・・	二ゴ	・・・	三振	・・・
犠盗失併残	20008	32	10	8	5	6		.252									

二 鈴木、松井、井口、里崎、角中 ギ 根元、里崎、嶋 犠 ジョーンズ 失 根元
暴 辛島＝４回
時 ３時間33分

	投手	回	打	投	安	振	球	失	責	防御率
	唐川	1⅔	11	35	3	0	3	3	3	16.20
	松永	2	10	41	2	1	2	1	1	4.50
	西野	2⅓	8	28	1	2	0	1	1	1.93
●	ロサ	1⅓	6	24	1	0	1	2	1	2.70
	服部	⅓	4	13	3	1	0	1	1	13.50
	益田	⅓	1	4	0	1	0	0	0	0.00
	辛島	4	17	69	4	3	1	4	4	9.00
H	レイ	2	8	21	2	1	0	0	0	0.00
	長谷部	⅓	3	11	2	0	0	1	1	27.00
○	斎藤	⅔	3	7	0	0	1	0	0	0.00
H	則本	1	3	15	0	0	0	0	0	0.90
S	田中	1	5	16	2	0	0	0	0	0.00

（注）Hはホールド

七回途中から登板し、好投した東北楽天4番手の斎藤

斎藤さえた投球術

七回東北楽天2死、マギーが左越えに勝ち越しソロを放つ。捕手里崎

本塁打でホームに向かうマギー（手前中央）と、沸き返るスタンドの東北楽天ファン

四回東北楽天2死一塁、ジョーンズが左越えに逆転2ラン。捕手里崎

日本シリーズ進出を決め、祝勝会に臨む東北楽天ナイン（Kスタ宮城の室内練習場）

ここぞ一撃　MJ砲で沈める

まさに千両役者だ。投手戦となった3戦目までとは打って変わり、両チームが2ケタ安打を放つ打撃戦。点を取り合う展開で、ジョーンズとマギーが悲願の日本一へと続くアーチを架けた。

まずはジョーンズ。3－4の四回2死一塁で、ロッテは早々と3番手西野にスイッチした。その初球、142キロの外角直球をフルスイングすると、打球はファンの待つ左翼席へ一直線に伸びた。

「狙っていた。強く打つことだけを心掛けた」。西野とはCSでこれまで3度対戦。フォークボールに手を焼き、全て空振り三振に倒れた。ただ、第3戦の対戦で、初球の直球を見逃した後、不敵な笑みを浮かべていた。次は打てる、確信があったのだろう。

5－5の七回、マギーが左越えへの勝ち越し弾で続いた。ロサが投じた初球のチェンジアップにタイミングを狂わされることなく仕留めた。「準備はできていた。芯でしっかりミートしようと振り抜いた」

2人のアベック本塁打は、今季レギュラーシーズンを含めて8度目。相手に逆転された直後と、追い付かれた直後の一発で、試合の主導権を渡さなかった。

「野球を楽しんで平常心で臨むことが、最高のパフォーマンスを発揮することにつながる。一番大きな階段を上れるように頑張りたい」とマギー。実に頼もしい助っ人たちだ。

あの場面!!このプレー

緊張感が漂う中で行われる日本一決定戦。「さすがはプロ」と感心する場面はもちろん、普段はお目にかかれないような珍プレーも出現する。その一瞬をとらえた「あの場面!!このプレー」。日本シリーズ、クライマックスシリーズ（CS）版をお届けします。

勢い余って、相手を押し出すジョーンズ選手（10月18日、CS第2戦）

9月に打球を顔面に受けて骨折、フェースガードを着けて登場のレイ投手（10月18日、CS第2戦）

内野フライを阿部内野手らが追いかけるも捕球できず（11月2日、日本シリーズ第6戦）

果敢にファウルフライを取りに行くマギー内野手（10月18日、CS第2戦）

危うく打球の直撃を受けそうになる則本投手（10月31日、日本シリーズ第5戦）

内野ゴロの打者を待ち受ける一塁手の銀次選手（11月3日、日本シリーズ第7戦）

ダイビングキャッチを試みる嶋捕手（10月18日、CS第2戦）

日本一の瞬間。
輪の中に飛び込むジョーンズ選手
（11月3日、日本シリーズ第7戦）

投手の隙をついて盗塁を試みたジョーンズ選手。
ベースは遠かった（10月30日、日本シリーズ第4戦）

開幕戦に登場した背番号7の選手は？
（10月26日、日本シリーズ第1戦）

味方のヒットで生還する藤田選手（10月29日、日本シリーズ第3戦）

ヒットで一気に三塁を狙った一塁走者の松井選手だが…
（10月26日、日本シリーズ第1戦）

相手球場では投手も打者の一員。
きっちりバントを決めた勝利投手の美馬選手
（10月29日、日本シリーズ第3戦）

日本シリーズで初めて外野を
守ったジョーンズ選手。米大リーグでは
ゴールデングラブ賞にも輝いた名手だ
（10月31日、日本シリーズ第5戦）

記録ラッシュ!! この1年

7.28 ジョーンズ外野手が 日米通算2000本安打

2000本目の安打は逆転勝利のきっかけとなった（7月28日 対ロッテ）

4.27 西武戦で 球団通算500勝

5.5 星野仙一監督が 故 川上氏と並ぶ歴代10位 監督通算1066勝

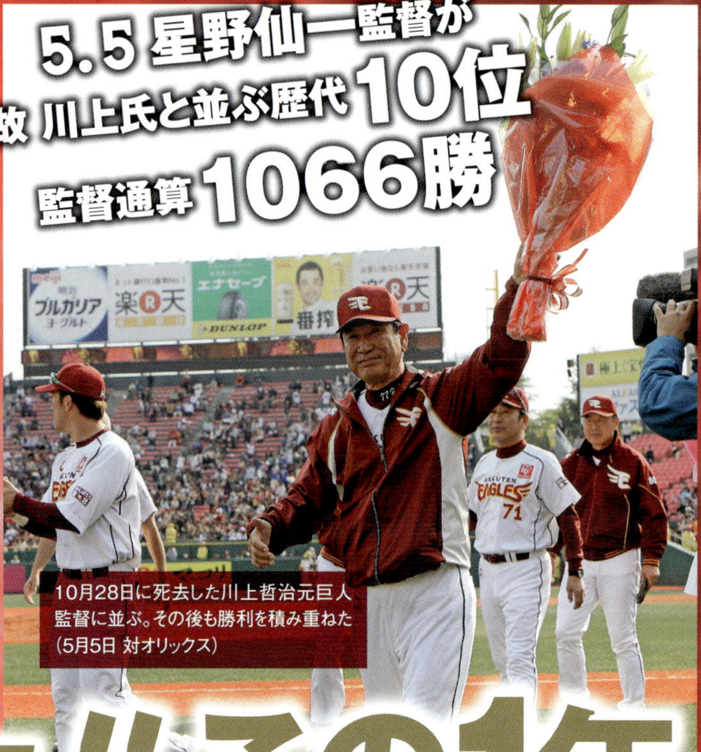

10月28日に死去した川上哲治元巨人監督に並ぶ。その後も勝利を積み重ねた（5月5日 対オリックス）

8.30 松井稼頭央内野手が 1500試合出場

キャプテンとして経験の浅いチームを引っ張り続けた松井（写真は10月17日 CS対ロッテ）

5.25 聖沢諒外野手が 659連続守備機会無失策で パ・リーグ新記録

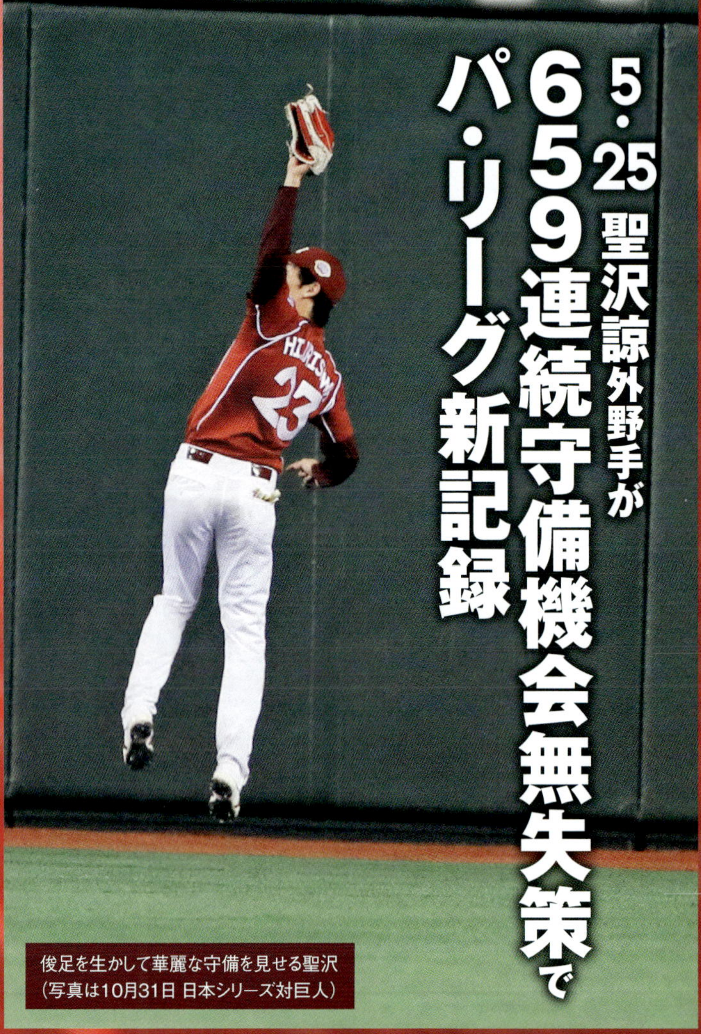

俊足を生かして華麗な守備を見せる聖沢（写真は10月31日 日本シリーズ対巨人）

10.8 田中将大投手が シーズン24連勝

2年ぶりの投手三冠に輝く圧倒的な成績で、文句なしの沢村賞を受賞した（10月8日 対オリックス）

2013

開幕から24連勝という記録を打ち立てた田中将大。無敗での最多勝投手はプロ野球史上初（10月8日 対オリックス）

2013 個人タイトル・表彰

■沢村賞　田中 将大
■最優秀防御率　田中 将大（1.27）
■最多勝利　田中 将大（24）
■勝率第１位　田中 将大（1.000）

■ゴールデングラブ賞
田中 将大（投手）
嶋　基宏（捕手）
藤田 一也（二塁手）

■正力松太郎賞
星野 仙一監督
■同特別賞
田中 将大

■東北楽天　2013年試合結果

［シーズン成績］1位 82勝 59敗 3分 .582

試合数	月日	対戦球団	回戦	球場	観衆	時間	スコア	勝敗	先発投手	責任投手	順位	差
1	3/29	ソフトバンク	1	ヤフオクドーム	38,561	3:02	1－7	●	則本	則本	4	－1.0
2	30	ソフトバンク	2	ヤフオクドーム	36,229	3:14	3－1	○	ダックワース	ダックワース	2	－1.0
3	31	ソフトバンク	3	ヤフオクドーム	35,879	3:45	9－1	○	美馬	美馬	1	0.0
4	4/2	オリックス	1	Kスタ宮城	16,273	3:30	8－2	○	田中	田中	1	0.0
5	4	オリックス	2	Kスタ宮城	17,482	3:40	2－13	●	釜田	釜田	2	－1.5
6	5	ロッテ	1	Kスタ宮城	14,177	3:57	17－5	○	則本	則本	2	－0.5
7	6	ロッテ	2	Kスタ宮城	18,809	3:02	3－2	○	ダックワース	ハウザー	2	－0.5
8	8	ロッテ	3	Kスタ宮城	9,209	3:08	2－11	●	菊池	菊池	2	－0.5
9	9	日本ハム	1	東京ドーム	20,072	3:22	9－1	○	田中	田中	1	＋0.5
10	10	日本ハム	2	東京ドーム	17,618	2:43	0－6	●	釜田	釜田	2	－0.5
11	11	日本ハム	3	東京ドーム	16,573	2:56	1－4	●	美馬	美馬	2	－1.5
12	12	西武	1	Kスタ宮城	12,374	3:17	3－2	○	則本	高堀	2	－0.5
13	13	西武	2	Kスタ宮城	14,537	2:46	0－6	●	ダックワース	ダックワース	3	－1.5
14	14	西武	3	Kスタ宮城	16,528	3:19	2－4	●	菊池	菊池	3	－2.5
15	16	ソフトバンク	4	Kスタ宮城	16,089	4:08	5－6	●	田中	片山	3	－3.5
16	17	ソフトバンク	5	Kスタ宮城	16,061	3:48	1－5	●	上園	上園	4	－3.5
17	18	ソフトバンク	6	Kスタ宮城	14,184	3:37	9－2	○	美馬	美馬	3	－3.5
18	19	ロッテ	4	QVCマリン	9,799	2:53	1－3	●	則本	則本	5	－4 5
19	20	ロッテ	5	QVCマリン	13,490	3:31	3－6	●	ダックワース	ダックワース	5	－4.5
20	21	ロッテ	6	QVCマリン	9,080	3:28	5－9	●	菊池	菊池	5	－5.5
21	23	オリックス	3	京セラD大阪	10,778	4:08	9－3	○	田中	田中	5	－5.5
22	25	オリックス	4	ほっと神戸	10,964	3:44	9－3	○	美馬	美馬	4	－5.0
23	27	西武	4	西武ドーム	26,556	2:51	9－2	○	則本	則本	3	－4.0
24	28	西武	5	西武ドーム	28,930	3:32	1－15	●	ダックワース	ダックワース	5	－5.0
25	29	西武	6	西武ドーム	28,092	3:01	4－8	●	菊池	菊池	5	－6.0
26	5/1	日本ハム	4	Kスタ宮城	12,077	3:10	4－1	○	田中	田中	4	－5.0
27	2	日本ハム	5	Kスタ宮城	12,099	3:34	1－9	●	上園	上園	5	－5.0
28	3	日本ハム	6	Kスタ宮城	20,129	2:56	1－13	●	美馬	美馬	5	－5.0
29	4	オリックス	5	Kスタ宮城	18,456	3:26	4－1	○	則本	則本	5	－5.0
30	5	オリックス	6	Kスタ宮城	18,221	2:32	3－2	○	ダックワース	ダックワース	4	－5.0
31	6	オリックス	7	Kスタ宮城	15,963	3:31	10－3	○	永井	斎藤	4	－5.0
32	8	日本ハム	7	札幌ドーム	24,129	2:56	5－2	○	田中	田中	3	－4.0
33	9	日本ハム	8	札幌ドーム	19,333	3:05	6－2	○	美馬	美馬	3	－3.5
34	10	ロッテ	7	QVCマリン	11,282	3:45	5－3	○	則本	片山	3	－2.5
35	12	ロッテ	8	QVCマリン	20,849	4:28	4－5	●	永井	青山	3	－3.5
36	14	DeNA	1	横浜	17,050	3:18	7－3	○	田中	田中	3	－3.5
37	15	DeNA	2	横浜	14,583	3:48	7－5	○	ダックワース	片山	3	－2.5
38	17	中日	1	ナゴヤドーム	25,090	3:09	3－4	●	美馬	青山	3	－2.5
39	18	中日	2	ナゴヤドーム	26,824	2:56	2－7	●	則本	則本	3	－2.5
40	19	ヤクルト	1	Kスタ宮城	13,171	3:09	1－0	○	永井	永井	3	－2.5
41	20	ヤクルト	2	Kスタ宮城	15,199	2:58	3－1	○	戸村	戸村	3	－2.5
42	22	巨人	1	Kスタ宮城	21,354	2:54	2－1	○	田中	田中	2	－2.0
43	23	巨人	2	Kスタ宮城	20,405	3:39	4－10	●	美馬	美馬	2	－2.0
44	25	広島	1	マツダ	28,017	2:38	2－1	○	則本	則本	2	－2.0
45	26	広島	2	マツダ	30,380	2:57	4－6	●	永井	永井	2	－3.0
46	28	阪神	1	甲子園	32,481	3:59	7－4	○	田中	片山	2	－3.0
47	29	阪神	2	甲子園	34,858	3:19	2－0	○	戸村	戸村	2	－3.0
48	31	DeNA	3	Kスタ宮城	15,355	3:24	10－3	○	則本	則本	2	－3.0
49	6/1	DeNA	4	Kスタ宮城	20,413	3:24	3－4	●	永井	永井	3	－4.0
50	2	中日	3	Kスタ宮城	17,065	3:14	1－0	○	菊池	菊池	3	－3.0
51	3	中日	4	Kスタ宮城	14,461	3:41	2－1	○	田中	ラズナー	2	－3.0
52	5	ヤクルト	3	神宮	14,215	3:11	5－9	●	戸村	青山	2	－4.0
53	6	ヤクルト	4	神宮	14,034	3:17	9－4	○	則本	則本	2	－3.0
54	8	巨人	3	東京ドーム	44,993	3:15	3－5	●	永井	菊池	2	－3.0
55	9	巨人	4	東京ドーム	46,087	3:17	5－3	○	田中	田中	2	－2.0

試合数	月日	対戦球団	回戦	球場	観衆	時間	スコア	勝敗	先発投手	責任投手	順位	差
56	12	広　島	3	K スタ宮城	15,117	3:50	3－4	●	戸村	小山伸	3	－2.0
57	13	広　島	4	K スタ宮城	17,677	3:35	4－5	●	則本	ラズナー	3	－2.5
58	15	阪　神	3	K スタ宮城	21,252	2:40	2－1	○	永井	永井	3	－2.0
59	16	阪　神	4	K スタ宮城	21,430	2:39	3－0	○	田中	田中	2	－2.0
60	21	ソフトバンク	7	郡　山	11,214	4:17	2－13	●	則本	則本	3	－2.5
61	22	ソフトバンク	8	K スタ宮城	19,717	3:25	2－8	●	戸村	戸村	3	－2.5
62	23	ソフトバンク	9	K スタ宮城	19,411	3:11	5－2	○	ダックワース	ダックワース	3	－2.5
63	25	西　武	7	西武ドーム	14,528	3:19	11－0	○	田中	田中	2	－1.0
64	26	西　武	8	西武ドーム	12,707	2:47	0－1	●	永井	永井	2	－2.0
65	27	西　武	9	大　宮	20,051	3:31	10－1	○	川井	川井	2	－2.0
66	28	オリックス	8	京セラ D 大阪	14,726	2:49	2－3	●	則本	則本	2	－2.0
67	29	オリックス	9	京セラ D 大阪	20,187	2:47	2－0	○	戸村	戸村	2	－2.0
68	30	オリックス	10	京セラ D 大阪	23,596	3:38	2－1	○	ダックワース	青山	2	－2.0
69	7/2	ロッテ	9	K スタ宮城	14,347	3:12	7－0	○	田中	田中	2	－1.0
70	4	ロッテ	10	K スタ宮城	11,819	3:21	8－4	○	川井	川井	1	0.0
71	5	ソフトバンク	10	ヤフオクドーム	30,079	2:42	1－6	●	則本	則本	1	0.0
72	6	ソフトバンク	11	ヤフオクドーム	35,709	4:22	8－4	○	戸村	則本	1	＋1.0
73	7	ソフトバンク	12	ヤフオクドーム	36,493	3:09	7－0	○	ダックワース	ダックワース	1	＋2.0
74	9	日本ハム	9	東京ドーム	43,683	2:55	5－0	○	田中	田中	1	＋2.5
75	10	日本ハム	10	K スタ宮城	15,428	3:13	1－4	●	永井	永井	1	＋2.5
76	11	日本ハム	11	K スタ宮城	11,931	2:48	3－0	○	川井	川井	1	＋3.0
77	12	西　武	10	K スタ宮城	12,758	4:44	3－4	●	戸村	星野	1	＋2.0
78	13	西　武	11	K スタ宮城	18,722	3:35	3－1	○	則本	則本	1	＋2.0
79	14	西　武	12	K スタ宮城	21,283	3:11	2－5	●	ダックワース	ダックワース	1	＋2.0
80	15	オリックス	11	京セラ D 大阪	20,184	3:15	1－0	○	長谷部	小山伸	1	＋3.0
81	16	オリックス	12	京セラ D 大阪	11,860	3:05	4－1	○	田中	田中	1	＋3.0
82	17	オリックス	13	京セラ D 大阪	10,743	2:42	0－3	●	川井	川井	1	＋2.0
83	24	ソフトバンク	13	北九州	20,851	3:59	9－4	○	川井	斎藤	1	＋2.0
84	25	ソフトバンク	14	ヤフオクドーム	38,561	3:11	2－5	●	ダックワース	小山伸	1	＋2.0
85	26	ロッテ	11	K スタ宮城	20,382	2:57	3－2	○	田中	田中	1	＋3.0
86	27	ロッテ	12	K スタ宮城	21,334	3:07	8－1	○	戸村	戸村	1	＋4.0
87	28	ロッテ	13	K スタ宮城	19,773	3:23	5－4	○	美馬	青山	1	＋4.0
88	30	西　武	13	盛　岡	15,043	3:57	9－4	○	則本	則本	1	＋5.0
89	31	西　武	14	秋　田	12,759	1:41	2－2	△	辛島	—	1	＋5.0
90	8/2	日本ハム	12	札幌ドーム	28,659	3:23	4－1	○	田中	田中	1	＋6.0
91	3	日本ハム	13	札幌ドーム	36,535	3:36	3－0	○	ダックワース	ダックワース	1	＋7.0
92	4	日本ハム	14	札幌ドーム	27,592	3:50	14－4	○	戸村	宮川	1	＋7.0
93	7	オリックス	14	K スタ宮城	19,255	3:40	1－2	●	美馬	青山	1	＋6.5
94	8	オリックス	15	K スタ宮城	16,094	3:09	5－2	○	則本	則本	1	＋6.5
95	9	ソフトバンク	15	K スタ宮城	21,320	3:09	5－0	○	田中	田中	1	＋6.5
96	10	ソフトバンク	16	K スタ宮城	21,427	3:33	3－8	●	辛島	辛島	1	＋6.5
97	11	ソフトバンク	17	K スタ宮城	21,465	4:23	10－6	○	ダックワース	斎藤	1	＋6.5
98	13	ロッテ	14	QVC マリン	22,664	3:09	0－3	●	戸村	戸村	1	＋5.5
99	14	ロッテ	15	QVC マリン	22,861	4:04	5－6	●	美馬	小山伸	1	＋4.5
100	15	ロッテ	16	QVC マリン	22,243	2:41	3－1	○	則本	則本	1	＋5.5
101	16	西　武	15	西武ドーム	29,846	3:00	3－1	○	田中	田中	1	＋5.5
102	17	西　武	16	西武ドーム	27,382	3:05	2－3	●	辛島	小山伸	1	＋5.5
103	18	西　武	17	西武ドーム	21,689	4:17	11－12	●	ダックワース	ラズナー	1	＋4.5
104	20	日本ハム	15	山　形	13,407	4:09	5－9	●	戸村	上園	1	＋3.5
105	21	日本ハム	16	K スタ宮城	19,127	3:27	3－5	●	美馬	美馬	1	＋3.5
106	22	日本ハム	17	K スタ宮城	18,904	3:46	2－5	●	則本	則本	1	＋2.5
107	23	ロッテ	17	K スタ宮城	20,766	3:20	5－0	○	田中	田中	1	＋3.5
108	24	ロッテ	18	K スタ宮城	21,372	3:32	7－5	○	辛島	辛島	1	＋4.5
109	25	ロッテ	19	K スタ宮城	20,263	3:22	6－5	○	レイ	長谷部	1	＋5.5
110	27	オリックス	16	京セラ D 大阪	12,921	3:21	0－4	●	ハウザー	ハウザー	1	＋4.5

試合数	月日	対戦球団	回戦	球場	観衆	時間	スコア	勝敗	先発投手	責任投手	順位	差
111	28	オリックス	17	京セラＤ大阪	13,687	2：49	2 － 1	○	美馬	美馬	1	＋4.5
112	29	オリックス	18	ほっと神戸	22,293	3：10	4 － 2	○	則本	則本	1	＋5.5
113	30	ソフトバンク	18	ヤフオクドーム	36,218	3：46	11 － 6	○	田中	田中	1	＋5.5
114	31	ソフトバンク	19	ヤフオクドーム	36,782	3：10	2 － 9	●	辛島	辛島	1	＋4.5
115	9/1	ソフトバンク	20	ヤフオクドーム	36,464	3：37	0 － 4	●	ダックワース	ダックワース	1	＋3.5
116	3	西　武	18	Ｋスタ宮城	18,541	3：14	4 － 3	○	レイ	金刃	1	＋4.0
117	4	西　武	19	Ｋスタ宮城	13,710	4：07	0 － 0	△	美馬	—	1	＋4.5
118	6	日本ハム	18	Ｋスタ宮城	22,316	2：52	3 － 2	○	田中	田中	1	＋6.0
119	7	日本ハム	19	Ｋスタ宮城	20,833	3：34	7 － 5	○	辛島	辛島	1	＋6.0
120	8	日本ハム	20	Ｋスタ宮城	20,429	2：46	3 － 1	○	則本	則本	1	＋6.5
121	10	ロッテ	20	QVC マリン	13,922	2：46	2 － 9	●	レイ	レイ	1	＋5.0
122	11	ロッテ	21	QVC マリン	12,624	2：49	7 － 0	○	美馬	美馬	1	＋6.0
123	12	ロッテ	22	QVC マリン	12,898	3：40	6 － 2	○	ハウザー	釜田	1	＋7.0
124	13	オリックス	19	Ｋスタ宮城	21,534	2：55	6 － 2	○	田中	田中	1	＋7.5
125	14	オリックス	20	Ｋスタ宮城	21,205	3：24	1 － 2	●	辛島	辛島	1	＋6.5
126	17	ソフトバンク	21	Ｋスタ宮城	16,863	3：08	7 － 5	○	則本	則本	1	＋8.0
127	18	ソフトバンク	22	Ｋスタ宮城	17,667	3：59	10 － 11	●	ハウザー	長谷部	1	＋7.5
128	19	ソフトバンク	23	Ｋスタ宮城	19,525	3：47	3 － 2	○	美馬	青山	1	＋8.5
129	21	日本ハム	21	札幌ドーム	37,992	3：21	7 － 3	○	田中	田中	1	＋8.5
130	22	日本ハム	22	札幌ドーム	41,071	3：52	15 － 1	○	辛島	辛島	1	＋8.5
131	23	日本ハム	23	札幌ドーム	27,535	3：00	5 － 0	○	宮川	宮川	1	＋9.5
132	24	西　武	20	西武ドーム	19,621	3：13	3 － 4	●	則本	青山	1	＋8.5
133	25	西　武	21	西武ドーム	20,332	3：43	2 － 4	●	ハウザー	加藤大	1	＋8.5
134	26	西　武	22	西武ドーム	27,869	3：46	4 － 3	○	美馬	ハウザー	1	＋9.5
135	27	ロッテ	23	QVC マリン	18,421	2：44	0 － 6	●	川井	川井	1	＋8.5
136	29	ソフトバンク	24	ヤフオクドーム	37,519	3：36	0 － 5	●	辛島	辛島	1	＋8.5
137	30	オリックス	21	京セラＤ大阪	14,098	4：19	0 － 0	△	ダックワース	—	1	＋8.0
138	10/1	日本ハム	24	札幌ドーム	24,661	3：39	11 － 2	○	田中	田中	1	＋9.0
139	3	ロッテ	24	Ｋスタ宮城	22,254	3：54	6 － 7	●	ハウザー	加藤大	1	＋8.0
140	4	西　武	23	Ｋスタ宮城	16,577	4：09	4 － 6	●	美馬	美馬	1	＋7.5
141	5	西　武	24	Ｋスタ宮城	22,581	3：15	1 － 2	●	宮川	則本	1	＋6.5
142	8	オリックス	22	Ｋスタ宮城	19,433	3：19	7 － 3	○	田中	田中	1	＋7.5
143	12	オリックス	23	Ｋスタ宮城	12,082	3：01	4 － 1	○	則本	則本	1	＋8.0
144	13	オリックス	24	Ｋスタ宮城	16,966	3：51	4 － 10	●	辛島	ハウザー	1	＋7.5

■CS ファイナルステージ

試合数	月日	対戦球団	回戦	球場	観衆	時間	スコア	勝敗	先発投手	責任投手
1	10/17	ロッテ	1	Ｋスタ宮城	24,332	2：55	2 － 0	○	田中	田中
2	18	ロッテ	2	Ｋスタ宮城	24,097	3：25	2 － 4	●	則本	金刃
3	19	ロッテ	3	Ｋスタ宮城	24,396	3：00	2 － 0	○	美馬	美馬
4	21	ロッテ	4	Ｋスタ宮城	24,264	3：33	8 － 5	○	辛島	斎藤

■日本シリーズ

試合数	月日	対戦球団	回戦	球場	観衆	時間	スコア	勝敗	先発投手	責任投手
1	10/26	巨　人	1	Ｋスタ宮城	25,209	3：20	0 － 2	●	則本	則本
2	27	巨　人	2	Ｋスタ宮城	25,219	3：16	2 － 1	○	田中	田中
3	29	巨　人	3	東京ドーム	44,940	3：26	5 － 1	○	美馬	美馬
4	30	巨　人	4	東京ドーム	44,968	4：07	5 － 6	●	ハウザー	長谷部
5	31	巨　人	5	東京ドーム	44,995	3：49	4 － 2	○	辛島	則本
6	11/2	巨　人	6	Ｋスタ宮城	25,271	3：16	2 － 4	●	田中	田中
7	3	巨　人	7	Ｋスタ宮城	25,249	3：15	3 － 0	○	美馬	美馬

日本シリーズ

■個人打撃成績

選手（* 左打 + 左右打）	試合	打席	打数	得点	安打	二塁打	三塁打	本塁打	塁打	打点	盗塁	盗塁刺	犠打	犠飛	四球	故意四	死球	三振	併殺打	打率	長打率	出塁率
* 阿部 俊人	2	0	0	1	0	0	0	0	0	0	0	0	0	0	0	0	0	0	0	.000	.000	.000
* 岡島 豪郎	7	32	27	3	7	1	0	0	8	2	0	0	1	0	2	0	2	3	0	.259	.296	.355
* 金刃 憲人	1	0	0	0	0	0	0	0	0	0	0	0	0	0	0	0	0	0	0	.000	.000	.000
* 辛島 航	1	2	2	1	0	0	0	0	0	0	0	0	0	0	0	0	0	0	0	.000	.000	.000
* 銀次	7	32	29	1	7	2	0	0	9	5	0	0	0	0	2	0	1	2	0	.241	.310	.313
小山 伸一郎	2	0	0	0	0	0	0	0	0	0	0	0	0	0	0	0	0	0	0	.000	.000	.000
* 斎藤 隆	1	0	0	0	0	0	0	0	0	0	0	0	0	0	0	0	0	0	0	.000	.000	.000
ジョーンズ	7	30	24	1	7	1	0	1	11	5	0	1	0	0	6	0	0	7	0	.292	.458	.433
嶋 基宏	7	28	23	2	6	0	0	0	6	1	0	0	2	0	3	0	0	5	1	.261	.261	.346
* 島内 宏明	1	1	1	0	0	0	0	0	0	0	0	0	0	0	0	0	0	0	0	.000	.000	.000
田中 将大	3	0	0	0	0	0	0	0	0	0	0	0	0	0	0	0	0	0	0	.000	.000	.000
中島 俊哉	5	6	6	0	1	0	0	0	1	0	0	0	0	0	0	0	0	0	0	.167	.167	.167
* 則本 昂大	3	2	1	1	0	0	0	0	0	0	0	0	0	0	1	0	0	1	0	.000	.000	.500
* ハウザー	2	2	2	1	0	0	0	0	0	0	0	0	0	0	0	0	0	0	0	.000	.000	.000
* 長谷部 康平	1	0	0	0	0	0	0	0	0	0	0	0	0	0	0	0	0	0	0	.000	.000	.000
* 聖沢 諒	7	21	17	1	8	2	0	0	10	1	1	0	2	0	2	0	0	4	0	.471	.588	.526
* 藤田 一也	7	32	27	3	7	1	0	0	8	4	0	0	1	0	2	0	2	3	0	.259	.296	.355
マギー	7	30	25	0	6	1	0	0	7	0	0	0	0	0	5	1	0	6	3	.240	.280	.367
牧田 明久	4	11	10	1	3	0	0	1	6	1	0	0	1	0	0	0	0	3	0	.300	.600	.300
* 枡田 慎太郎	4	9	8	1	1	0	0	0	1	0	1	0	0	0	1	0	0	3	1	.125	.125	.222
+ 松井 稼頭央	7	28	27	4	9	1	0	0	10	0	0	0	0	0	1	0	0	5	0	.333	.370	.357
* 美馬 学	2	3	2	0	0	0	0	0	0	0	0	0	1	0	0	0	0	1	0	.000	.000	.000
宮川 将	1	0	0	0	0	0	0	0	0	0	0	0	0	0	0	0	0	0	0	.000	.000	.000
* 森山 周	4	0	0	0	0	0	0	0	0	0	0	0	0	0	0	0	0	0	0	.000	.000	.000
レイ	1	1	1	0	0	0	0	0	0	0	0	0	0	0	0	0	0	0	0	.000	.000	.000

■個人投手成績

選手（* 左投）	登板	勝利	敗北	セーブ	完投	完封勝	無四球	勝率	打者	投球回	安打	本塁打	四球	故意四	死球	三振	暴投	ボーク	失点	自責点	防御率
* 金刃 憲人	1	0	0	0	0	0	0	.000	3	1	0	0	0	0	0	1	0	0	0	0	0.00
* 辛島 航	1	0	0	0	0	0	0	.000	18	5	1	0	2	0	0	4	0	0	0	0	0.00
小山 伸一郎	2	0	0	0	0	0	0	.000	12	2.2	1	0	1	0	0	2	0	0	2	1	3.38
斎藤 隆	1	0	0	0	0	0	0	.000	3	1	0	0	0	0	0	1	0	0	0	0	0.00
田中 将大	3	1	1	1	2	0	0	.500	78	19	17	2	4	0	1	21	1	0	5	5	2.37
則本 昂大	3	1	1	0	0	0	0	.500	59	15	9	2	3	0	1	18	0	0	4	4	2.40
* ハウザー	2	0	0	0	0	0	0	.000	17	3.1	3	0	4	0	1	2	0	0	1	1	2.70
* 長谷部 康平	1	0	1	0	0	0	0	.000	11	2	2	0	3	1	0	0	0	0	1	1	4.50
美馬 学	2	2	0	0	0	0	0	1.000	44	11.2	5	0	3	0	1	10	0	0	0	0	0.00
宮川 将	1	0	0	0	0	0	0	.000	4	0	1	0	2	0	1	0	0	0	2	2	----
レイ	1	0	0	0	0	0	0	.000	9	2.1	2	1	0	0	0	3	0	0	1	1	3.86

クライマックスシリーズ <ファイナルステージ>

■個人打撃成績

選手（* 左打 + 左右打）	試合	打席	打数	得点	安打	二塁打	三塁打	本塁打	塁打	打点	盗塁	盗塁刺	犠打	犠飛	四球	故意四	死球	三振	併殺打	打率	長打率	出塁率
* 岡島 豪郎	4	18	17	4	5	0	0	0	5	1	0	0	0	0	0	0	1	1	1	.294	.294	.333
* 金刃 憲人	1	0	0	0	0	0	0	0	0	0	0	0	0	0	0	0	0	0	0	.000	.000	.000
* 辛島 航	1	0	0	0	0	0	0	0	0	0	0	0	0	0	0	0	0	0	0	.000	.000	.000
* 銀次	4	17	12	2	5	0	0	1	8	3	0	0	1	0	4	0	0	2	0	.417	.667	.563
小山 伸一郎	1	0	0	0	0	0	0	0	0	0	0	0	0	0	0	0	0	0	0	.000	.000	.000
* 斎藤 隆	1	0	0	0	0	0	0	0	0	0	0	0	0	0	0	0	0	0	0	.000	.000	.000
ジョーンズ	4	17	16	2	4	1	0	2	11	4	0	0	0	1	0	0	0	6	0	.250	.688	.235
嶋 基宏	4	15	12	1	2	1	0	0	3	2	0	0	1	0	2	0	0	4	0	.167	.250	.286
田中 将大	2	0	0	0	0	0	0	0	0	0	0	0	0	0	0	0	0	0	0	.000	.000	.000
* 則本 昂大	2	0	0	0	0	0	0	0	0	0	0	0	0	0	0	0	0	0	0	.000	.000	.000
* 長谷部 康平	2	0	0	0	0	0	0	0	0	0	0	0	0	0	0	0	0	0	0	.000	.000	.000
* 聖沢 諒	4	14	13	1	3	0	0	1	6	1	0	0	0	0	1	0	0	3	1	.231	.462	.286
* 藤田 一也	4	17	12	0	3	0	0	0	3	1	0	0	3	0	2	0	0	1	0	.250	.250	.357
マギー	4	16	13	1	5	0	0	1	8	2	0	0	0	0	3	0	0	1	0	.385	.615	.500
牧田 明久	2	2	1	0	0	0	0	0	0	0	0	0	1	0	0	0	0	0	0	.000	.000	.000
* 枡田 慎太郎	4	14	13	1	1	1	0	0	2	0	0	0	0	0	0	0	1	2	2	.077	.154	.143
+ 松井 稼頭央	4	15	14	2	3	1	0	0	4	0	0	0	0	0	1	0	0	3	0	.214	.286	.267
* 美馬 学	1	0	0	0	0	0	0	0	0	0	0	0	0	0	0	0	0	0	0	.000	.000	.000
* 森山 周	2	0	0	0	0	0	0	0	0	0	0	0	0	0	0	0	0	0	0	.000	.000	.000
レイ	2	0	0	0	0	0	0	0	0	0	0	0	0	0	0	0	0	0	0	.000	.000	.000

■個人投手成績

選手（* 左投）	登板	勝利	敗北	セーブ	完投	完封勝	無四球	勝率	打者	投球回	安打	本塁打	四球	故意四	死球	三振	暴投	ボーク	失点	自責点	防御率
* 金刃 憲人	1	0	1	0	0	0	0	.000	2	0	2	1	0	0	0	0	0	0	2	2	----
* 辛島 航	1	0	0	0	0	0	0	.000	17	4	4	1	1	0	0	3	1	0	4	4	9.00
小山 伸一郎	1	0	0	0	0	0	0	.000	2	0.1	1	0	0	0	0	0	0	0	1	1	27.00
斎藤 隆	1	1	0	0	0	0	0	1.000	3	0.2	0	0	1	0	0	0	0	0	0	0	0.00
田中 将大	2	1	0	1	1	1	0	1.000	39	10	9	0	1	0	0	9	0	0	0	0	0.00
則本 昂大	2	0	0	0	0	0	0	.000	35	10	4	0	0	0	1	11	0	1	1	1	0.90
* 長谷部 康平	2	0	0	0	0	0	0	.000	4	0.1	3	0	0	0	0	0	0	0	1	1	27.00
美馬 学	1	1	0	0	1	1	0	1.000	32	9	4	0	2	0	0	7	0	0	0	0	0.00
レイ	2	0	0	0	0	0	0	.000	10	2.2	2	0	0	0	0	1	0	0	0	0	0.00

パシフィック・リーグ

■個人打撃成績

選手（*左打 +左右打）	試合	打席	打数	得点	安打	二塁打	三塁打	本塁打	塁打	打点	盗塁	盗塁刺	犠打	犠飛	四球	故意四	死球	三振	併殺打	打率	長打率	出塁率
青山　浩二	60	0	0	0	0	0	0	0	0	0	0	0	0	0	0	0	0	0	0	.000	.000	.000
* 阿部　俊人	22	46	38	4	8	2	0	0	10	1	1	1	6	0	2	0	0	7	1	.211	.263	.250
* 伊志嶺　忠	19	35	32	2	4	0	0	1	7	6	0	0	1	2	0	0	0	8	0	.125	.219	.118
岩崎　達郎	74	112	101	17	22	5	0	0	27	12	0	2	5	1	5	0	0	18	3	.218	.267	.252
上園　啓史	5	0	0	0	0	0	0	0	0	0	0	0	0	0	0	0	0	0	0	.000	.000	.000
* 榎本　葵	13	11	11	1	1	1	0	0	2	2	0	0	0	0	0	0	0	5	0	.091	.182	.091
* 岡島　豪郎	79	264	226	40	73	9	1	1	87	13	3	3	7	0	27	1	4	31	6	.323	.385	.405
小山　桂司	5	8	6	0	1	0	0	0	1	0	0	0	0	0	2	0	0	2	0	.167	.167	.375
* 片山　博視	31	0	0	0	0	0	0	0	0	0	0	0	0	0	0	0	0	0	0	.000	.000	.000
加藤　大輔	6	0	0	0	0	0	0	0	0	0	0	0	0	0	0	0	0	0	0	.000	.000	.000
* 金刃　憲人	39	0	0	0	0	0	0	0	0	0	0	0	0	0	0	0	0	0	0	.000	.000	.000
釜田　佳直	8	0	0	0	0	0	0	0	0	0	0	0	0	0	0	0	0	0	0	.000	.000	.000
* 辛島　航	11	0	0	0	0	0	0	0	0	0	0	0	0	0	0	0	0	0	0	.000	.000	.000
* 川井　貴志	6	0	0	0	0	0	0	0	0	0	0	0	0	0	0	0	0	0	0	.000	.000	.000
* 菊池　保則	14	0	0	0	0	0	0	0	0	0	0	0	0	0	0	0	0	0	0	.000	.000	.000
* 銀次	131	525	482	63	153	24	3	4	195	54	3	3	1	4	36	2	2	44	14	.317	.405	.365
* 小斉　祐輔	22	47	46	3	11	3	0	1	17	3	0	0	0	0	1	0	0	7	0	.239	.370	.255
小山　伸一郎	45	1	0	0	0	0	0	0	0	0	0	0	1	0	0	0	0	0	0	.000	.000	.000
* 斎藤　隆	30	0	0	0	0	0	0	0	0	0	0	0	0	0	0	0	0	0	0	.000	.000	.000
ジョーンズ	143	604	478	81	116	21	1	26	217	94	4	3	0	6	105	1	15	164	15	.243	.454	.391
嶋　基宏	134	507	447	44	115	13	1	4	142	48	3	3	16	3	39	2	2	92	14	.257	.318	.318
* 島内　宏明	97	329	299	36	85	6	4	6	117	38	6	4	4	5	21	0	0	44	6	.284	.391	.326
ダックワース	18	2	2	0	0	0	0	0	0	0	0	0	0	0	0	0	0	0	1	.000	.000	.000
高須　洋介	21	55	50	3	8	1	0	0	9	3	0	0	2	1	2	0	0	6	2	.160	.180	.189
高堀　和也	14	0	0	0	0	0	0	0	0	0	0	0	0	0	0	0	0	0	0	.000	.000	.000
田中　将大	28	9	6	0	1	1	0	0	2	1	0	0	3	0	0	0	0	2	0	.167	.333	.167
土屋　朋弘	5	0	0	0	0	0	0	0	0	0	0	0	0	0	0	0	0	0	0	.000	.000	.000
* 鉄平	54	168	146	24	35	7	1	1	47	10	2	2	7	0	15	1	0	22	5	.240	.322	.311
戸村　健次	12	5	4	0	0	0	0	0	0	0	0	0	1	0	0	0	0	3	0	.000	.000	.000
* 永井　怜	10	3	3	0	0	0	0	0	0	0	0	0	0	0	0	0	0	3	0	.000	.000	.000
中川　大志	1	2	2	0	0	0	0	0	0	0	0	0	0	0	0	0	0	1	0	.000	.000	.000
仲沢　広基	14	8	8	1	2	0	0	0	2	1	0	0	0	0	0	0	0	1	0	.250	.250	.250
中島　俊哉	45	90	82	7	19	4	0	1	26	3	0	0	2	0	6	0	0	8	3	.232	.317	.284
西田　哲朗	26	52	48	3	8	1	0	0	9	2	1	0	2	0	2	0	0	14	0	.167	.188	.200
* 則本　昂大	27	8	7	0	0	0	0	0	0	0	0	0	0	0	1	0	0	6	0	.000	.000	.125
* ハウザー	22	0	0	0	0	0	0	0	0	0	0	0	0	0	0	0	0	0	0	.000	.000	.000
* 長谷部　康平	24	0	0	0	0	0	0	0	0	0	0	0	0	0	0	0	0	0	0	.000	.000	.000
* 聖沢　諒	120	491	433	51	123	17	4	2	154	40	21	8	9	0	44	0	5	100	3	.284	.356	.357
福山　博之	23	0	0	0	0	0	0	0	0	0	0	0	0	0	0	0	0	0	0	.000	.000	.000
* 藤田　一也	128	536	466	48	128	17	2	1	152	48	3	3	33	4	21	0	12	43	7	.275	.326	.320
* 星野　智樹	11	0	0	0	0	0	0	0	0	0	0	0	0	0	0	0	0	0	0	.000	.000	.000
マギー	144	590	513	78	150	30	0	28	264	93	2	3	0	5	70	3	2	119	12	.292	.515	.376
牧田　明久	27	90	81	15	18	3	1	2	29	7	0	0	1	0	7	0	1	6	1	.222	.358	.292
* 枡田　慎太郎	86	311	268	32	73	17	0	8	114	47	1	0	1	6	33	1	3	81	2	.272	.425	.352
+ 松井　稼頭央	125	497	448	55	111	26	2	11	174	58	1	1	2	4	40	2	3	85	4	.248	.388	.311
* 美馬　学	18	2	1	0	0	0	0	0	0	0	0	0	1	0	0	0	0	1	0	.000	.000	.000
宮川　将	17	0	0	0	0	0	0	0	0	0	0	0	0	0	0	0	0	0	0	.000	.000	.000
三好　匠	6	4	4	0	0	0	0	0	0	0	0	0	0	0	0	0	0	1	0	.000	.000	.000
* 森山　周	89	95	81	20	22	0	0	0	22	9	11	2	5	0	8	0	1	10	0	.272	.272	.344
ラズナー	37	0	0	0	0	0	0	0	0	0	0	0	0	0	0	0	0	0	0	.000	.000	.000
レイ	5	0	0	0	0	0	0	0	0	0	0	0	0	0	0	0	0	0	0	.000	.000	.000

■個人投手成績

※ホール（ホールド）、HP（ホールドポイント＝救援勝利＋ホールド）

選手（*左投）	登板	勝利	敗北	セーブ	ホール	HP	完投	完封勝	無四球	勝率	打者	投球回	安打	本塁打	四球	故意四	死球	三振	暴投	ボーク	失点	自責点	防御率
青山　浩二	60	3	5	11	17	20	0	0	0	.375	263	60.1	61	6	20	2	1	60	3	0	24	23	3.43
上園　啓史	5	0	3	0	0	0	0	0	0	.000	62	13.2	16	1	5	0	1	11	3	0	11	11	7.24
* 片山　博視	31	3	1	0	2	5	0	0	0	.750	160	35.2	38	1	16	0	2	22	0	0	12	12	3.03
加藤　大輔	6	0	2	0	0	0	0	0	0	.000	58	10.1	17	4	10	0	1	4	0	0	13	10	8.71
* 金刃　憲人	39	1	0	0	9	10	0	0	0	1.000	129	34	30	1	6	1	0	25	2	0	8	7	1.85
釜田　佳直	8	1	2	0	0	1	0	0	0	.333	75	13.2	24	1	8	0	3	11	1	0	19	19	12.51
* 辛島　航	11	3	4	0	1	1	1	0	0	.429	247	59	63	6	19	0	0	45	1	0	31	29	4.42
* 川井　貴志	6	3	2	0	0	0	0	0	0	.600	122	30	33	3	5	0	0	13	0	0	10	10	3.00
菊池　保則	14	1	5	0	0	0	0	0	0	.167	158	33.1	38	3	23	0	1	22	4	0	28	24	6.48
小山　伸一郎	45	1	4	0	16	17	0	0	0	.200	197	45.2	40	6	20	1	4	42	1	0	22	20	3.94
斎藤　隆	30	3	0	4	4	7	0	0	0	1.000	111	26.2	25	1	10	0	1	25	2	0	7	7	2.36
ダックワース	18	5	5	0	0	0	0	0	0	.500	392	87.2	91	9	37	0	6	64	4	1	46	42	4.31
高堀　和也	14	1	0	0	1	2	0	0	0	1.000	61	12.2	14	2	7	1	2	5	0	1	9	9	6.39
田中　将大	28	24	0	1	0	0	8	2	1	1.000	822	212	168	6	32	0	3	183	9	0	35	30	1.27
土屋　朋弘	5	0	0	0	0	0	0	0	0	.000	28	6.1	9	3	0	0	0	6	0	0	4	4	5.68
戸村　健次	12	4	2	0	0	0	0	0	0	.667	284	67.2	63	4	28	0	3	22	4	0	27	25	3.33
永井　怜	10	2	4	0	0	0	1	0	0	.333	229	54.2	47	6	15	0	2	31	3	0	22	21	3.46
則本　昂大	27	15	8	0	0	1	3	0	0	.652	695	170	142	14	51	1	6	134	4	0	65	63	3.34
* ハウザー	22	2	2	0	3	5	0	0	0	.500	172	37.1	42	4	19	0	3	32	1	2	29	25	6.03
* 長谷部　康平	24	1	1	3	10	11	0	0	0	.500	135	34.1	24	1	10	0	2	31	0	0	7	7	1.83
福山　博之	22	0	0	0	1	1	0	0	0	.000	145	34.2	34	1	10	0	0	20	0	0	17	17	4.41
* 星野　智樹	11	0	1	0	0	0	0	0	0	.000	32	5.2	8	1	6	0	1	4	0	0	10	8	12.71
美馬　学	18	6	5	0	0	0	0	0	0	.545	430	98.1	118	11	31	0	8	63	7	0	46	45	4.12
宮川　将	17	2	0	0	0	1	0	0	0	1.000	177	40.1	41	5	21	0	0	33	2	0	11	11	2.45
ラズナー	37	1	2	17	3	4	0	0	0	.333	149	37.2	31	1	11	0	0	40	1	0	14	14	3.35
レイ	5	0	1	0	0	0	0	0	0	.000	81	19.1	13	2	10	0	0	10	0	0	10	7	3.26

3.29 vs. ソフトバンク 1－7

ソフトバンク－東北楽天１回戦（ソフトバンク１勝）

◇ヤフオクドーム（18時31分）

１点を先制 則本を援護 ／ ジョーンズ 来日初安打 ／ 継投の前に １安打のみ

東北楽天	0	0	1	0	0	0	0	0	0	1
ソフトバンク	0	0	2	0	0	0	4	1	X	7

（38,561人）

細川に被弾 逆転された ／ 立ち直って 得点許さず ／ 高堀まさか 満塁弾喫す

楽天、逆転負け

勝摂津１試合１勝
敗則本１試合１敗
本細川１号②（則本）本多１号④（高堀）

東北楽天は逆転負けを喫し、開幕戦を白星で飾れなかった。則本は１―０の三回、細川に逆転２ランを浴びるなど七回途中４失点。３番手高堀が本多に満塁本塁打を許し、リードを広げられた。打線は三回、枡田の内野安打で先制したが、四回以降は２安打。三塁を踏めなかった。

ソフトバンク先発の摂津は６回９奪三振、１失点の好投で、昨年に続き開幕戦勝利を挙げた。

ルーキー開幕投手となった則本

3.30 vs. ソフトバンク 3－1

ソフトバンク－東北楽天２回戦（１勝１敗）

◇ヤフオクドーム（13時）

１死一二塁 西田同点打 ／ 牧田２ラン 勝ち越しだ ／ 来日初安打 マギー放つ

東北楽天	0	0	1	2	0	0	0	0	0	3
ソフトバンク	1	0	0	0	0	0	0	0	0	1

（38,229人）

足絡められ 早くも失点 ／ 安打許すも ダック粘投 ／ 最後は青山 ピシャリ！

西田同点の適時打

勝ダックワース１試合１勝
S青山１試合１S
敗山田１試合１敗
本牧田１号②（山田）

東北楽天が今季初の勝利を挙げた。打線は０―１の三回、西田の適時打で同点。四回は牧田の左越え１号２ランで勝ち越した。

先発ダックワースは７回を投げ７安打されたが１失点と粘り、今季初白星を手にした。九回を締めた青山が初セーブ。

ソフトバンクは五回まで毎回安打したが、好機に一本が出なかった。

今季初勝利を挙げたダックワース

3.31 vs. ソフトバンク 9－1

ソフトバンク－東北楽天３回戦（東北楽天２勝１敗）

◇ヤフオクドーム（13時１分）

マギー殊勲 先制打放つ ／ 嶋が適時打 松井好走塁 ／ ジョーンズ ダメ押し打

東北楽天	0	1	0	2	3	0	0	1	2	9
ソフトバンク	0	0	0	0	0	0	0	0	1	1

（35,879人）

１死一三塁 切り抜ける ／ 先発の美馬 粘りの投球 ／ ２人目菊池 １点を失う

投打かみ合い連勝

勝美馬１試合１勝
敗武田１試合１敗

東北楽天は投打がかみ合い２連勝。２年ぶりに開幕カードを勝ち越した。先発美馬は尻上がりに調子が良くなり、８回無失点で今季初勝利。

二回、マギーの適時打で先制し、四回には嶋の適時打などで２点を加えた。五回もマギーの２点二塁打などで３点を挙げ八、九回にも加点した。

ソフトバンクは先発武田が五回途中５失点で降板。打線も九回の１点のみと振るわなかった。

3打点と活躍した新戦力マギー

4.2 vs. オリックス 8－2

東北楽天－オリックス１回戦（東北楽天１勝）

◇Ｋスタ宮城（18時１分）

坂口に痛打 振り出しに ／ 田中が貫禄 中盤抑える ／ 救援に課題 １失点喫す

オリックス	0	0	1	0	0	0	0	0	1	2
東北楽天	0	1	0	2	3	0	1	1	X	8

（16,273人）

好機逃さず 嶋が先制打 ／ やっぱり嶋 勝ち越し打 ／ 牧田も続け ダメ押し打

新加入マギー適時打

勝田中１試合１勝
敗海田１試合１敗

投打がかみ合った東北楽天が快勝し、連勝を３に伸ばした。

１―１の同点で迎えた四回１死一、三塁から、嶋が右中間三塁打を放って２点を勝ち越した。続く五回にも新加入のマギーと嶋の適時打で３点を加え、七、八回にも着実に好機を生かし、試合を決めた。

先発した田中は140㌔台後半の速球にスライダーやカーブを効果的に織り交ぜ、打たせて取る投球で７回を１失点に抑えた。

二回、嶋が適時打を放ち先制

4.4 vs. オリックス 2－13

東北楽天－オリックス２回戦（１勝１敗）

◇Ｋスタ宮城（14時４分）

釜田が乱調 主導権渡す ／ 継投実らず 大量点失う ／ 守りで粘り 試合締める

オリックス	0	5	0	6	1	1	0	0	0	13
東北楽天	0	0	2	0	0	0	0	0	0	2

（17,482人）

打線が奮起 点差縮める ／ 好機に凡退 お寒い攻撃 ／ 連続無安打 見せ場なし

13失点楽天大敗

勝マエストリ１試合１勝
敗釜田１試合１敗

東北楽天は投手陣が崩れ、今季最多の13失点で大敗、連勝は３で止まった。先発釜田は制球が安定せず、四回途中６安打８失点で降板。２番手ハウザー、３番手菊池もオリックス打線につかまり計５失点。得点は三回、銀次、聖沢の短長打を足場に内野ゴロと犠飛で２点を返しただけだった。

オリックス打線は四回までに11点を挙げ、先発マエストリを援護した。

二回、適時打を許す釜田

4.5 vs. ロッテ 17－5

東北楽天－ロッテ１回戦（東北楽天１勝）

◇Ｋスタ宮城（18時）

則本に試練 反撃を許す ／ 立ち直って 完璧な投球 ／ 救援陣不調 追加点献上

ロッテ	0	0	2	0	0	0	0	3	0	5
東北楽天	4	0	2	0	3	1	1	6	X	17

（14,177人）

本拠地１号 牧田が放つ ／ Ｅウィング １号弾は嶋 ／ ジョーンズ 来日１号弾

今季両リーグ最多17点

勝則本２試合１勝１敗
敗大谷１試合１敗
本牧田２号③（大谷）嶋１号③（中郷）ジョーンズ１号②（伊藤）

東北楽天は18安打で今季両リーグ最多の17点を奪い大勝した。１回に牧田の３ランなどで４点を先行、６―２の五回は嶋の３ランで突き放し、八回はジョーンズの来日初本塁打など５安打を集め６得点。着実にリードを広げた。先発２試合目の則本は三回に２点を失ったが立ち直り、六回までを投げプロ初勝利。

ロッテは投手陣が精彩を欠いた。

牧田の3ランなどで先行

4.6 vs. ロッテ 3－2

東北楽天－ロッテ2回戦（東北楽天2勝）
◇Kスタ宮城（14時）

ダック快調 1安打のみ／失策が絡み 逆転を許す／ピンチ連続 しのぎ切る

	1	2	3	4	5	6	7	8	9	計
ロッテ	0	0	0	0	0	2	0	0	0	2
東北楽天	0	0	0	1	0	1	0	1	X	3

（18,809人）
2死満塁で 一本が出ず／嶋の犠飛で 追い付いた／松井が執念 勝ち越した

楽天競り合い制す

勝ハウザー4試合1勝
Ｓ青山3試合2Ｓ
敗渡辺2試合1敗

東北楽天が競り合いを制して2連勝。2－2で迎えた八回、1死一、三塁から松井の強い当たりの三ゴロ（記録は失策）で三走がかえり決勝点を挙げた。松井は四回にも先制の右越え二塁打を放った。先発ダックワースは6回5安打2失点。3番手ハウザーが今季初勝利を挙げた。青山が2セーブ目。
ロッテは要所で守りが乱れ3連敗。

松井のゴロが敵失となり勝ち越す

4.8 vs. ロッテ 2－11

東北楽天－ロッテ3回戦（東北楽天2勝1敗）
◇Kスタ宮城（18時）

3連続打で 先制許した／救援の2人 ボロボロだ／加藤大粘り 点を許さず

	1	2	3	4	5	6	7	8	9	計
ロッテ	0	1	1	0	2	7	0	0	0	11
東北楽天	0	0	0	0	0	0	0	0	2	2

（9,209人）
1死二塁を 生かせない／2死一二塁 後が続かず／銀次が右前 意地の一打

楽天 2位転落

勝西野2試合1勝
敗菊池4試合1敗
本ホワイトセル1号①（菊池）2号②（星野）3号②（加藤大）角中1号④（加藤大）

東北楽天は投手陣が崩れて大敗し2位に転落した。先発菊池は二回に3連続長短打で先制され、三回にはホワイトセルに右越えソロを浴びた。五回に2番手星野がホワイトセルに2ラン、六回には加藤大が角中に満塁弾を喫し、さらにホワイトセルに3打席連続となる2ランを喫した。打線は九回、銀次の適時打などで2点を返しただけ。
ロッテはプロ初先発の西野が、7回無失点の好投で初勝利を挙げた。

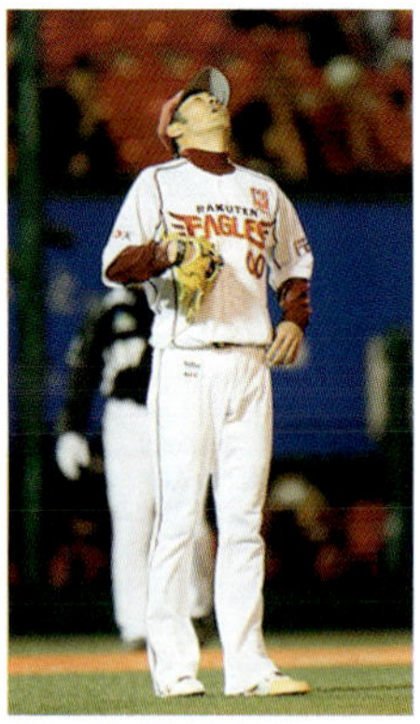

2ランを浴び天を仰ぐ星野

4.9 vs. 日本ハム 9－1

日本ハム－東北楽天1回戦（東北楽天1勝）
◇東京ドーム（18時2分）

鮮やかに嶋 3点本塁打／銀次2ラン 差を広げる／また打った 銀次2本目

	1	2	3	4	5	6	7	8	9	計
東北楽天	0	3	0	2	2	1	0	0	1	9
日本ハム	0	0	0	0	0	1	0	0	0	1

（20,072人）
注目初対戦 大谷を三振／失策が絡み 失点に至る／小山伸締め 危なげなし

楽天 投打かみ合う

勝田中2試合2勝
敗新垣1試合1敗
本嶋2号③（新垣）銀次1号②（新垣）2号①（鍵谷）

東北楽天は投打がかみ合い快勝、首位に返り咲いた。二回2死一、三塁から嶋の3ランで先制し、四回には銀次の2ランで加点。さらに五回1死満塁から嶋の適時打などで2点を挙げ、中盤で試合を決めた。先発田中は丁寧にコーナーを突く投球で7回1失点（自責点0）と好投し2勝目。
日本ハムはプロ初登板の先発新垣が序盤につかまった。

4.10 vs. 日本ハム 0－6

日本ハム－東北楽天2回戦（1勝1敗）
◇東京ドーム（18時1分）

走者出すが ホーム遠く／敵が好返球 本塁で憤死／計9安打も 実らず零敗

	1	2	3	4	5	6	7	8	9	計
東北楽天	0	0	0	0	0	0	0	0	0	0
日本ハム	1	1	1	2	0	0	0	1	X	6

（17,618人）
粘れぬ釜田 失点重ねる／立ち直れず 点差が拡大／初登板片山 一発浴びる

楽天 好機生かせず零敗

勝吉川2試合1勝1敗
敗釜田2試合2敗
本中田3号①（釜田）アブレイユ2号①（片山）

東北楽天は日本ハムに零封負け。西武が勝ったため、2位に後退した。先発釜田は一回、小谷野の適時打で1点を先制され、0－2の三回には中田にソロを被弾。四回は二死無走者から四球と短長打で2点を失った。打線は9安打を放ち、再三好機を築いたが、要所で相手の好守などに得点を阻まれた。
日本ハムの先発吉川は7回無失点の好投で今季初勝利。打線もそつのない攻めで6点を奪った。

4.11 vs. 日本ハム 1－4

日本ハム－東北楽天3回戦（日本ハム2勝1敗）
◇東京ドーム（18時）

また好返球 得点フイに／豪快マギー 同点本塁打／継投の前に 打線が湿る

	1	2	3	4	5	6	7	8	9	計
東北楽天	0	0	0	0	1	0	0	0	0	1
日本ハム	1	0	0	0	0	0	0	3	X	4

（16,573人）
美馬が失点 先手を許す／走者出すが 要所締める／失投狙われ 痛恨の被弾

マギーの本塁打フイ

勝石井5試合2勝
Ｓ増井4試合2Ｓ
敗美馬2試合1勝1敗
本マギー1号①（木佐貫）アブレイユ3号③（美馬）

東北楽天は先発美馬が終盤に力尽き、今季初の同一カード負け越し。美馬は七回まで毎回安打を浴びながら、一回の中田の適時打による1失点でしのいできたが、八回2死一、二塁からアブレイユに3ランを浴びた。打線は8安打を放ったものの、得点は五回のマギーのソロによる1点だけだった。
日本ハムは競り勝ち、今季初の連勝。

4.12 vs. 西武 3－2

東北楽天－西武1回戦（東北楽天1勝）
◇Kスタ宮城（18時）

ソロ食らい また1失点／四球で満塁 何とか脱す／救援の4人 抑え切った

	1	2	3	4	5	6	7	8	9	計
西武	1	0	1	0	0	0	0	0	0	2
東北楽天	0	0	0	0	0	2	1	0	X	3

（12,374人）
2死一三塁 1本出ない／ミスに乗じ 追い付いた／嶋が殊勲の 左前決勝打

高堀 今季初勝利

勝高堀7試合1勝
Ｓ青山4試合3Ｓ
敗岸3試合3敗
本秋山3号①（則本）

東北楽天が終盤に逆転勝ちし、連敗を2で止めた。0－2の六回、ジョーンズの犠飛などで同点に追い付いた。続く七回は先頭のマギーが右翼線二塁打を放ち、犠打で三進した後、嶋の左前打で勝ち越した。先発則本は制球に苦しんだが、中盤は立ち直り、粘りの投球を見せた。3番手で救援した高堀が今季初勝利。
西武の岸は終盤につかまり、開幕から3連敗。

七回、嶋が勝ち越し打を放つ

4.13 vs. 西武 0－6

東北楽天－西武2回戦（1勝1敗）
◇Kスタ宮城（14時）

四球契機に 早々と失点／粘り切れず ダック降板／ダメ押され 厳しい展開

	1	2	3	4	5	6	7	8	9	計
西武	1	0	0	2	1	1	0	0	1	6
東北楽天	0	0	0	0	0	0	0	0	0	0

（14,537人）
打線が沈黙 走者出せず／初の得点圏 西田が凡退／プロ初完封 菊池に許す

ダックワース5四球

勝菊池3試合2勝
敗ダックワース3試合1勝1敗

東北楽天は投打とも精彩を欠き完敗した。先発ダックワースは5四球と制球が定まらず、六回途中5失点。一回、四球を足掛かりに1死二塁とされ栗山に先制打を浴びると、四回には浅村、金子の連続適時打で2失点。五、六回も1点ずつを失った。打線は散発3安打、三塁を踏めなかった。
西武の菊池は球威があり制球も安定、無四球でプロ初完封を飾った。

西武菊池に完封負けを喫する

4.14 vs. 西武 2－4

東北楽天－西武３回戦（西武２勝１敗、13時、Ｋスタ宮城、16,528人）

西　武	000	400	000	4
東北楽天	000	000	110	2

投打かみ合わず4失点

勝 十亀３試合２勝１敗
Ｓ 大石６試合３Ｓ
敗 菊池５試合２敗

東北楽天は投打がかみ合わず、２カード連続の負け越し。先発菊池は三回まで無安打だったが、四回にスピリー、ヘルマンの連続適時打などで４点を失った。打線は西武を上回る10安打で２点のみ。七回に小斉、八回は嶋の適時打で１点ずつを挙げたが、これ以外はつながりを欠いた。

西武はパ・リーグで10勝に一番乗り。十亀が７回１失点で２勝目。

七回、小斉が適時打を放つが…

4.16 vs. ソフトバンク 5－6

東北楽天－ソフトバンク４回戦（２勝２敗）
◇Ｋスタ宮城（18時）
（16,089人）延長10回

	1	2	3	4	5	6	7	8	9	10	計
ソフトバンク	0	0	2	0	0	1	0	0	1	2	6
東北楽天	2	0	2	0	0	0	0	0	0	1	5

痛い失点は失策が絡む／打たれても最少失点に／先頭に安打失点に至る／高堀打たれリード許す
好調マギー２点二塁打／安打出たが後が続かず／一、二塁も得点できず／ジョーンズ一発は遅く

勝岩崎９試合１勝
Ｓファルケンボーグ６試合１Ｓ
敗片山５試合１敗
本ジョーンズ２号①（ファルケンボーグ）

楽天 今季初の３連敗

東北楽天は逃げ切れずソフトバンクに敗れ、今季初の３連敗。

４－３の九回、青山が松田の犠飛で同点とされた。続く延長十回には、高堀がペーニャの適時三塁打とボークで２点を失った。その裏にジョーンズの２号ソロで追い上げたが及ばなかった。先発田中は７回３失点（自責点２）と粘投した。

ソフトバンクは岩崎が今季初勝利。

二回、中前適時打を許した田中

4.17 vs. ソフトバンク 1－5

東北楽天－ソフトバンク５回戦（ソフトバンク３勝２敗）
◇Ｋスタ宮城（18時１分）
（16,061人）

	1	2	3	4	5	6	7	8	9	計
ソフトバンク	0	0	0	0	0	2	0	1	2	5
東北楽天	0	0	0	0	0	1	0	0	0	1

一、二塁のピンチ脱す／２死満塁を抑え切れず／ラズナーが一発浴びる
一、二塁の好機実らず／すぐに反撃松井適時打／三者凡退で勢いがなく

反撃は1点止まり

勝帆足２試合１勝
敗上園１試合１敗
本長谷川２号①（ラズナー）

東北楽天が終盤に突き放され、４連敗。

先発上園は五回まで２安打無失点と好投したが、六回に安打と２四球で二死満塁のピンチを招いたところで降板。リリーフした金刃がラヘアに２点適時打を浴びた。その裏に松井の適時三塁打で１点を返したが、それ以外の好機ではつながりを欠いた。

ソフトバンクは今季初の４連勝で３位浮上。

ピンチで上園の元に集まる嶋ら

4.18 vs. ソフトバンク 9－2

東北楽天－ソフトバンク６回戦（３勝３敗）
◇Ｋスタ宮城（18時）
（14,184人）

	1	2	3	4	5	6	7	8	9	計
ソフトバンク	0	0	0	0	0	0	0	2	0	2
東北楽天	1	5	0	0	0	0	2	1	X	9

走者許すが要所締める／低めに集め連続無失点／２点弾浴び美馬が降板
ジョーンズ痛烈３ラン／二死満塁に決定打欠く／藤田２点打やっと加点

連敗を4で止める

勝美馬３試合２勝１敗
敗東浜２試合１敗
本ジョーンズ３号③（東浜）ラヘア４号②（美馬）

東北楽天は投打がかみ合い、ソフトバンクに快勝。連敗を４で止めた。１－０の二回、西田、藤田の適時打とジョーンズの３ランなど５長短打で一挙５得点。七回にも藤田の適時打で２点を加え、試合を決定付けた。先発美馬は11安打を浴びたものの、八回途中２失点と粘って２勝目。

ソフトバンクは先発東浜が誤算。打線も好機に決定打を欠いた。

2勝目を挙げた先発・美馬

4.19 vs. ロッテ 1－3

ロッテ－東北楽天４回戦（２勝２敗）
◇QVCマリンフィールド（18時16分）
（9,799人）

	1	2	3	4	5	6	7	8	9	計
東北楽天	0	0	1	0	0	0	0	0	0	1
ロッテ	0	0	0	0	2	0	0	1	X	3

２死満塁も１点止まり／ＡＪ安打もマギー凡打／２死後安打後が続かず
則本は上々三者凡退だ／３長短打で２点を失う／２死二塁で追加点許す

楽天 5位に転落

勝成瀬３試合２勝
Ｓ益田７試合４Ｓ
敗則本４試合１勝２敗

東北楽天は逆転負けを喫し、５位に転落した。先発則本は８回３失点で２敗目。四回まで走者を許さぬ完璧な投球を見せたが、１－０の五回、３連続長短打を浴び２点を奪われた。

打線は三回、ジョーンズの押し出し四球で１点を先制したが、四回以降は得点圏に走者を置くことができず、則本を援護できなかった。

ロッテは先発成瀬が８回１失点と力投し、勝率を５割に戻した。

4.20 vs. ロッテ 3－6

ロッテ－東北楽天５回戦（ロッテ３勝２敗）
◇QVCマリンフィールド（14時）
（13,490人）

	1	2	3	4	5	6	7	8	9	計
東北楽天	0	1	0	0	0	1	0	0	1	3
ロッテ	0	0	0	1	0	1	4	0	X	6

４四死球で１点もらう／藤田適時打勝ち越した／マギー三振２戦音なし
１死一二塁得点許さず／長打２本で追い付かれ／救援陣崩壊無惨４失点

救援陣崩れ連敗

勝南６試合１勝
Ｓ益田８試合５Ｓ
敗ダックワース４試合１勝２敗

東北楽天は救援陣が崩れ２連敗。日本ハムに５位で並ばれた。２－２の七回途中で登板した２番手金刃が根元に勝ち越し打を浴び、３番手高堀も連続押し出し四球などでさらに３点を献上した。打線は二、六回の好機で、それぞれ押し出し四球と藤田の適時打による１点止まり。九回に１点を返したが継投にかわされた。

ロッテは今季初の３連勝。４番手南が今季初勝利。

4.21 vs. ロッテ 5－9

ロッテ－東北楽天６回戦（ロッテ４勝２敗）
◇QVCマリンフィールド（13時１分）
（9,080人）

	1	2	3	4	5	6	7	8	9	計
東北楽天	0	2	0	2	0	1	0	0	0	5
ロッテ	1	0	0	5	1	2	0	0	X	9

マギー痛烈逆転２ラン／マギーＡＪアベック弾／継投の前に反撃ならず
四球契機に先制許した／菊池粘れず無念の降板／４番手高堀復調の好投

借金最多の「4」

勝香月３試合１勝
敗菊池６試合３敗
本マギー２号②（吉見）３号①（吉見）ジョーンズ４号①（吉見）

東北楽天は投手陣が崩れ、今季初の同一カード３連敗。借金は最多の４に膨らんだ。先発菊池は四回、５短長打に２失策が絡み、一挙５点を失った。救援の片山、福山も失点を重ねた。打線はマギーの２打席連続本塁打、ジョーンズの４号ソロなど11安打で５点を挙げたが、及ばなかった。

ロッテは４連勝。12安打９得点と打線が活発だった。

4.23 vs. オリックス 9－3

オリックス－東北楽天３回戦（東北楽天２勝１敗）

◇京セラドーム大阪（18時）

三塁の松井聖沢が返す／逸機続く中嶋が同点打／打者一巡で大量リード

東北楽天	1	0	0	1	1	0	5	0	1	9
オリックス	0	2	1	0	0	0	0	0	0	3

（10,778人）

エース乱調逆転を喫す／粘りの投球点を許さず／最後は青山危なげなし

楽天 連敗止める

勝田中４試合３勝
敗中山10試合３敗
本マギー４号①（東野）

東北楽天は終盤に打線がつながり、連敗を３で止めた。３－３の七回、無死満塁の好機に鉄平の右前打で勝ち越し。さらに森山、松井の連続適時打など打者一巡の猛攻で一挙５点を奪った。先発田中は三回までに３失点したが、以降は粘投。８回を投げ自己最多の15安打を許しながらしのいで３勝目。
オリックスは先発東野ら投手陣が崩れ２連敗。勝率５割を切った。

4.25 vs. オリックス 9－3

オリックス－東北楽天４回戦（東北楽天３勝１敗）

◇ほっともっとフィールド神戸（18時）

先頭の松井左翼に１号／代打島内が勝ち越し打／藤田３本目固め打ちだ

東北楽天	1	0	2	0	2	2	2	0	0	9
オリックス	1	1	0	1	0	0	0	0	0	3

（10,964人）

２死取るも連打食らう／救援小山伸粘りの投球／４人目青山３人で料理

楽天連勝 ４位浮上

勝美馬４試合３勝１敗
敗海田４試合１勝２敗
本松井１号①（海田）バルディリス３号①（美馬）

東北楽天が先発全員の16安打を放って快勝。オリックスと並び４位に浮上した。一回に松井の先頭打者本塁打で先制。３－３の五回１死満塁から島内、銀次の連続適時打で２点を勝ち越し。その後も着実に加点した。先発美馬は六回途中３失点で３勝目。２番手小山伸が六回１死満塁のピンチをしのぐなど、継投も決まった。
オリックスは今季初の３連敗。

4.27 vs. 西武 9－2

西武－東北楽天４回戦（２勝２敗）

◇西武ドーム（13時）

嶋が岸から先制３点弾／森山２点打松井３ラン／敵失に乗じダメ押し点

東北楽天	0	3	0	5	0	0	0	1	0	9
西武	0	0	0	1	0	0	0	0	1	2

（26,556人）

低めに集め則本無失点／先頭秋山にソロを許す／球団500勝圧勝で飾る

連勝３に伸ばす

勝則本５試合２勝２敗
敗岸５試合１勝４敗
本嶋３号③（岸）松井２号③（岸）秋山４号①（則本）

東北楽天が２本の３ランなどで圧倒、連勝を３に伸ばした。二回２死一、二塁から嶋の左越え３ランで先制。四回は２死満塁から森山の中前打で２点を追加し、なお二、三塁から松井の右越え３ランで大勢を決めた。先発則本は球威があり、７回を３安打１失点でしのいで今季２勝目。
西武は、先発岸が四回途中８失点で降板したのが誤算だった。

4.28 vs. 西武 1－15

西武－東北楽天５回戦（西武３勝２敗）

◇西武ドーム（13時）

内野ゴロで松井が生還／１安打のみ元気がなく／５年目仲沢プロ初安打

東北楽天	0	0	1	0	0	0	0	0	0	1
西武	0	1	2	0	8	1	1	2	X	15

（28,930人）

３安打喫しリード許す／１死取れずダック降板／今季最多のああ15失点

ダック５回ＫＯ

勝菊池５試合３勝１敗
敗ダックワース５試合１勝３敗
本秋山５号②（ダックワース）坂田２号②（上園）

東北楽天は投手陣が崩れ、今季最多の15失点で大敗。連勝は３で止まり５位に後退した。先発ダックワースは１－３の五回、秋山の２ランを含め４連続短長打を浴び計７失点で降板。救援陣も失点を重ねた。打線は三回１死一、三塁から聖沢の二ゴロの間に１点を返しただけだった。
西武はいずれも今季チーム最多の19安打15得点。先発菊池は７回１失点で３勝目。

4.29 vs. 西武 4－8

西武－東北楽天６回戦（西武４勝２敗）

◇西武ドーム（13時１分）

好調マギー左越えソロ／５連打放ち点差詰める／淡泊な攻め反撃ならず

東北楽天	0	1	0	0	3	0	0	0	0	4
西武	5	0	0	0	2	1	0	0	X	8

（28,092人）

無死のまま菊池が降板／中継ぎ不調差再び開く／ラズナーは完璧な投球

打線の援護 及ばず

勝武隈４試合１勝
敗菊池７試合４敗
本マギー５号①（十亀）藤田１号②（十亀）

東北楽天は投手陣が崩れて２連敗。先発菊池は一回、金子への四球と秋山の二塁打で無死二、三塁のピンチを招き、暴投で先制点を献上。以降も栗山に左前打を浴びるなど、５失点で１死も取れずに降板した。打線は１－５の五回、藤田の２ランなどで１点差に詰め寄ったが、中継ぎ陣が踏ん張れなかった。
西武は２番手武隈が今季初勝利。

5.1 vs. 日本ハム 4－1

東北楽天－日本ハム４回戦（２勝２敗）

◇Ｋスタ宮城（18時）

制球に乱れ４連打喫す／冷静さ戻り被安打ゼロ／最後は青山３三振奪う

日本ハム	1	0	0	0	0	0	0	0	0	1
東北楽天	0	0	0	1	0	3	0	0	X	4

（12,077人）

淡泊な攻め二塁踏めず／守乱を突き勝ち越した／本塁狙った鉄平は憤死

連敗２でストップ

勝田中５試合４勝
Ｓ青山８試合４Ｓ
敗吉川５試合３勝２敗

東北楽天は競り勝ち、連敗を２で止めた。先発田中は一回に４連打で１点を失ったが、二回以降は１安打と立ち直り、８回を投げ今季最多の10奪三振で４勝目。九回を締めた青山は４セーブ目。
打線は四回、高須が同点の適時打。六回には嶋の適時打などで３点を勝ち越した。
日本ハムは先発吉川が６回４失点（自責１）で２敗目。３失策と守備の乱れが響いた。

4勝目を挙げた先発・田中

5.2 vs. 日本ハム 1－9

東北楽天－日本ハム５回戦（日本ハム３勝２敗）

◇Ｋスタ宮城（18時１分）

崩れた上園大量点失う／３番手菊池加点を許す／満塁弾浴び高堀４失点

日本ハム	0	0	4	0	0	1	0	0	4	9
東北楽天	0	0	0	0	0	0	1	0	0	1

（12,099人）

走者出るが後が続かず／無死二塁でＪＭ砲不発／松井が意地適時二塁打

上園３回途中４失点

勝木佐貫５試合３勝１敗
敗上園３試合２敗
本ホフパワー３号④（高堀）

東北楽天が完敗した。先発上園は二回まで無失点に抑えたが、三回無死二、三塁から陽岱鋼、中田の適時打などで４失点。九回には５番手高堀がホフパワーに満塁本塁打を浴びた。打線は七回に松井の適時打で１点を返したが、それ以外はつながりを欠いた。
日本ハムは先発木佐貫が七回途中１失点で３勝目。打線も10安打で活発に援護した。

一回、三振に倒れるジョーンズ

三回、適時打を許した上園

5.3 vs. 日本ハム 1－13

東北楽天－日本ハム６回戦（日本ハム４勝２敗）

◇Ｋスタ宮城（14時）

美馬力負け 中田に連発／満塁弾浴び 失点重ねる／中田３発目 打つ手なし

	1	2	3	4	5	6	7	8	9	計
日本ハム	4	0	1	0	4	0	1	0	3	13
東北楽天	0	0	0	0	0	0	0	1	0	1

（20，129人）

巧みな配球 打ちあぐむ／初の得点圏 後が続かず／仲沢適時打 やっと１点

投打 精彩欠き連敗

勝谷元５試合１勝２敗
敗美馬５試合３勝２敗
本中田６号③（美馬）７号①（美馬）８号①（土屋）ホフパワー４号④（美馬）

東北楽天は投打にいいところがなく２連敗。先発美馬は制球が甘く、５回９失点。一回、中田の先制３ランなどで４点を失い、三回には中田に２打席連続のソロ、五回にはホフパワーに２試合連続となる満塁本塁打を浴びた。打線は八回、仲沢の内野安打で１点を挙げただけだった。

日本ハムは４本塁打で大勝した。先発谷元は７回無失点で今季初勝利。

本塁打を浴び、肩を落とす美馬

5.4 vs. オリックス 4－1

東北楽天－オリックス５回戦（東北楽天４勝１敗）

◇Ｋスタ宮城（14時１分）

無安打４Ｋ いい出だし／強気で攻め 窮地しのぐ／２投手継投 反撃１点に

	1	2	3	4	5	6	7	8	9	計
オリックス	0	0	0	0	0	0	0	1	0	1
東北楽天	0	0	0	0	2	0	2	0	X	4

（18，456人）

一死二塁に 中軸が凡退／先投逃さず 松井２点打／またも松井 ダメ押し弾

楽天 連敗止める

勝則本６試合３勝２敗
Ｓ青山９試合５Ｓ
敗金子６試合２勝３敗
本松井３号②（金子）

東北楽天は松井の４打点の活躍で連敗を２で止めた。松井は五回、右中間に先制の２点二塁打。七回には３号２ランを放ち、2008年から11連敗中のオリックス先発金子を攻略した。

先発則本は７回無失点で３勝目。毎回の９三振を奪う力投を見せた。九回は青山が締め５セーブ目。

オリックスは四～六回の３度の得点圏の好機を生かせず４連敗。

七回、三振に仕留めた先発・則本

5.5 vs. オリックス 3－2

東北楽天－オリックス６回戦（東北楽天５勝１敗）

◇Ｋスタ宮城（13時）

１死一二塁 後続を断つ／ダック被弾 詰め寄られ／一発喫すも 青山セーブ

	1	2	3	4	5	6	7	8	9	計
オリックス	0	0	0	0	0	1	0	0	1	2
東北楽天	0	0	2	0	0	0	1	0	X	3

（18，221人）

２死後連打 聖沢１号弾／３人ずつで 打ち取られ／敵失が絡み 銀次が生還

聖沢 先制2ラン

勝ダックワース６試合２勝３敗
Ｓ青山10試合６Ｓ
敗西６試合２勝２敗
本聖沢１号②（西）バルディリス５号①（ダックワース）６号①（青山）

東北楽天が競り勝ち２連勝。先発ダックワースは球威があり、７回４安打１失点で今季２勝目を挙げた。打線は三回に聖沢の１号２ランで先制。１－２の七回は、２死一塁で嶋の右飛が敵失を誘い加点した。八回はラズナーが無失点、九回は青山がバルディリスにソロを浴びたが逃げ切った。

オリックスは好投の西を援護できず、今季２度目の５連敗で６カード連続の負け越し。

ホーム初勝利のダックワース

5.6 vs. オリックス 10－3

東北楽天－オリックス７回戦（東北楽天６勝１敗、13時、Ｋスタ宮城、15，963人）

				計
オリックス	001	001	100	3
東北楽天	300	000	07×	10

東北楽天3連勝

勝斎藤１試合１勝
敗岸田９試合２敗
本ジョーンズ５号②（ディクソン）
マギー６号①（ディクソン）
坂口１号①（永井）松井４号④（佐藤達）

東北楽天は３連勝。斎藤が日本球界で８年ぶりの勝利を挙げた。八回に今季初登板し２死後に満塁とされたが、無得点に抑えた。打線はその裏、銀次の一ゴロが失策を誘って勝ち越すと、鉄平の中越え２点二塁打、松井の満塁本塁打などで一挙７点を挙げた。今季初先発の永井は、六回途中２失点。

オリックスは今季初の６連敗。

日本で８年ぶり勝利の斎藤

5.8 vs. 日本ハム 5－2

日本ハム－東北楽天７回戦（日本ハム４勝３敗）

◇札幌ドーム（18時）

聖沢先制打 マギー一発／併殺取られ つながらず／またも併殺 ４回連続だ

	1	2	3	4	5	6	7	8	9	計
東北楽天	0	0	5	0	0	0	0	0	0	5
日本ハム	0	0	0	0	0	0	2	0	0	2

（24，129人）

いいぞ田中 走者許さず／早々援護に 余裕の投球／青山セーブ 勝率５割に

今季初の4連勝

勝田中６試合５勝
Ｓ青山11試合７Ｓ
敗木佐貫６試合３勝２敗
本マギー７号③（木佐貫）アブレイユ10号②（田中）

東北楽天は今季初の４連勝で勝率を５割に戻し、３位に浮上した。先発田中は立ち上がりから球威、制球ともに良かった。七回、アブレイユに10号２ランを浴びたが、７回７奪三振の力投で両リーグトップの５勝目。八回はラズナー、九回は青山が抑え７セーブ目。打線は三回、聖沢の２点二塁打とマギーの７号３ランで一挙５点を挙げた。

日本ハムは先発木佐貫が崩れ今季初の４連敗。

5.9 vs. 日本ハム 6－2

日本ハム－東北楽天８回戦（４勝４敗）

◇札幌ドーム（18時）

４安打集め 一挙に４点／三走マギー 本塁で憤死／森山適時打 ダメ押し点

	1	2	3	4	5	6	7	8	9	計
東北楽天	0	1	4	0	0	0	0	1	0	6
日本ハム	1	0	0	0	0	1	0	0	0	2

（19，333人）

無死一三塁 点を与えず／２人目斎藤 １点を失う／青山が抑え ５連勝飾る

先発美馬4勝目

勝美馬６試合４勝２敗
敗吉川６試合３勝３敗

東北楽天は逆転勝ちで５連勝。４月13日以来の貯金１とした。０－１の二回、マギーの適時二塁打で同点。三回は藤田の２点二塁打など４長短打を集中させ、一挙４点を勝ち越した。先発美馬は一回に１点を失ったが、二回以降は粘り、５回１失点で４勝目。六回以降は４投手の継投で逃げ切った。

日本ハムは２年ぶりの５連敗。借金は今季最多の６に膨れた。

5.10 vs. ロッテ 5－3

ロッテ－東北楽天７回戦（ロッテ４勝３敗）

◇QVCマリンフィールド（18時15分）

唐川の速球 打ちあぐむ／４試合連続 マギー打点／藤田二塁打 土壇場逆転

	1	2	3	4	5	6	7	8	9	計
東北楽天	0	0	0	0	1	1	0	0	3	5
ロッテ	0	0	1	0	1	1	0	0	0	3

（11，282人）

２死後乱調 先制される／犠飛打たれ リード許す／最後は青山 無失点投球

楽天 6連勝

勝片山13試合１勝１敗
Ｓ青山13試合８Ｓ
敗益田18試合１敗12Ｓ

東北楽天が逆転勝ちし、連勝を今季最多の６に伸ばした。２－３の九回二死無走者から２連打と四球で満塁とし、藤田が走者一掃の中越え二塁打を放って５－３とリードを奪った。４番手で登板した片山が今季初勝利をマークし、青山が８セーブ目を挙げた。

ロッテの連勝は８でストップ。リードして終盤を迎えたが、抑えの益田が詰めを欠いた。

5.12 vs. ロッテ 4－5

ロッテ－東北楽天8回戦（ロッテ5勝3敗）
◇QVCマリンフィールド（13時1分）

東北楽天	0	0	0	0	0	0	2	1	1	4
ロッテ	0	0	1	1	1	0	0	0	2x	5

（20,849人）

走者出るが得点できず / 毎回安打も遠いホーム / 嶋が中前打勝ち越した
新人初打席本塁打献上 / 守備に乱れ点差広がる / 喜びが一転連勝止まる

永井5回途中3失点

[勝]益田19試合1勝1敗12S
[敗]青山14試合1敗8S
[本]加藤1号①（永井）

東北楽天はサヨナラ負けを喫し、連勝は6で止まった。2－3の八回に藤田の中前打で同点とし、九回2死一、二塁から嶋の中前打で4－3と勝ち越した。だが、抑えの青山が荻野貴の二塁打などで2死満塁とされ、今江に2点二塁打を浴びた。青山は今季初黒星。先発永井は制球が甘く、五回途中6安打3失点。
ロッテは益田が今季初勝利。

5.14 vs. DeNA セ・パ交流戦 7－3

DeNA－東北楽天1回戦（東北楽天1勝）
◇横浜（18時）

東北楽天	0	0	0	1	3	1	2	0	0	7
DeNA	0	1	0	0	0	0	1	1	0	3

（17,050人）

2死後走者後が続かず / AJ3ラン主導権握る / M砲も爆発田中を援護
4番に被弾先手を許す / 気迫の投球反撃を阻む / 交流戦初戦ラズ締め○

ジョーンズ決勝弾

[勝]田中7試合6勝
[敗]三浦7試合2勝3敗
[本]ブランコ19号①（田中）ジョーンズ6号③（三浦）マギー8号②（井納）

東北楽天が交流戦初戦を白星で飾った。先発田中は二回、ブランコにソロを浴びたが、8回3失点にまとめ、開幕から負けなしで両リーグトップの6勝目。打線は0－1の四回、島内の適時二塁打で同点とし、五回にジョーンズの3ランで勝ち越し。七回にはマギーの2ランで突き放した。
DeNAは3連敗。先発三浦は5回4失点で3敗目。

5.15 vs. DeNA セ・パ交流戦 7－5

DeNA－東北楽天2回戦（東北楽天2勝）
◇横浜（18時）

東北楽天	0	1	2	0	0	3	0	1	0	7
DeNA	1	0	1	0	0	0	1	0	2	5

（14,583人）

敵投手乱調主導権奪う / 守乱に乗じ3点加える / 鉄平がソロダメ押し点
先発ダック58球で降板 / 中継ぎ陣が粘り無失点 / 久々横スタ斎藤1失点

2番手片山 2勝目

[勝]片山15試合2勝1敗
[敗]小林寛5試合1敗
[本]鉄平1号①（加賀）中村6号②（青山）

東北楽天は逆転勝ちで2連勝し、貯金を3とした。1点を追う二回に藤田の適時打で追い付き、三回には島内の犠飛などで2点を勝ち越した。六回には藤田の適時打などで3点を加え、八回は鉄平の1号ソロで突き放した。投手陣は7人の継投で反撃をかわし、2番手片山が2勝目を挙げた。
DeNAは4連敗。投手陣が乱れ、守備にもミスが出て自滅した。

5.17 vs. 中日 セ・パ交流戦 3－4

中日－東北楽天1回戦（中日1勝）
◇ナゴヤドーム（18時2分）

東北楽天	0	1	0	0	0	0	2	0	0	3
中日	0	0	0	2	0	0	0	0	2x	4

（25,090人）

鉄平二ゴロ渋く先制点 / 鉄平突入も本塁で憤死 / 代打の銀次右へ2ラン
安打許すも切り抜ける / 無死一塁で一発食らう / 青山が背信抑え切れず

楽天、交流戦初黒星

[勝]三瀬12試合1勝
[敗]青山16試合2敗8S
[本]クラーク5号②（美馬）銀次3号②（武藤）

東北楽天が逆転サヨナラ負け。交流戦初黒星を喫した。
3－2の九回、救援した青山がつかまった。谷繁、井端の連打などで1死二、三塁とされ、代打山崎に試合を決める2点適時打を浴びた。七回に代打銀次の2ランで逆転したが、青山がリードを守り切れなかった。先発美馬は6回2失点。
中日は3連勝。5番手三瀬が今季初勝利。

5.18 vs. 中日 セ・パ交流戦 2－7

中日－東北楽天2回戦（中日2勝）
◇ナゴヤドーム（14時1分）

東北楽天	1	0	0	0	1	0	0	0	0	2
中日	0	1	0	0	0	0	2	4	X	7

（26,824人）

銀次と聖沢連打で先制 / AJ左犠飛勝ち越した / 1死二三塁得点ならず
失策契機に追い付かれ / いいぞ則本安打許さず / 2打席連続和田に被弾

楽天 逆転許し連敗

[勝]岡田24試合2勝1敗
[敗]則本8試合3勝3敗
[本]和田6号②（則本）7号③（則本）

東北楽天は逆転負けし2連敗。先発則本は直球、変化球ともに切れがあり、六回まで1失点でしのいだが、七回に和田に逆転2ランを喫し、八回にも和田に2打席連続となる3ランを浴びるなど4失点し突き放された。則本は3敗目。
打線は一回、聖沢の適時二塁打で先制。1－1の五回はジョーンズの左犠飛で勝ち越したが、計11安打で2点と拙攻が目立った。
中日は交流戦4連勝で3位に浮上した。

5.19 vs. ヤクルト セ・パ交流戦 1－0

東北楽天－ヤクルト1回戦（東北楽天1勝）
◇Kスタ宮城（18時）

ヤクルト	0	0	0	0	0	0	0	0	0	0
東北楽天	0	0	0	0	0	1	0	0	X	1

（13,171人）

快調な投球1安打のみ / 走者出すも後続を断つ / ラズが抑え永井初勝利
2死一三塁得点奪えず / 高須中犠飛均衡破った / 2死満塁で追加点なく

高須 中犠飛で決勝点

[勝]永井3試合1勝
[S]ラズナー11試合1S
[敗]八木8試合1勝3敗

東北楽天は永井が今季初勝利。速球とカーブのコンビネーションがさえ、8回を4安打無四球の好投。三塁を踏ませず、昨年8月14日以来の白星を挙げた。九回をしのいだラズナーが今季初セーブ。打線は六回、1死満塁から高須の中犠飛で決勝点を奪った。無失点勝ちは今季初めて。
ヤクルトの連勝は2でストップ。打線がつながらず、好投した先発八木を援護できなかった。

六回、先制の中犠飛を打つ高須

5.20 vs. ヤクルト セ・パ交流戦 3－1

東北楽天－ヤクルト2回戦（東北楽天2勝）
◇Kスタ宮城（18時1分）

ヤクルト	1	0	0	0	0	0	0	0	0	1
東北楽天	1	0	0	0	1	0	0	1	X	3

（15,199人）

あっさりと先制を許す / 後ろ向きで銀次が好捕 / 青山復活S戸村初勝利
AJ中犠飛追い付いた / AJ今度は勝ち越し弾 / 嶋が適時打大きな1点

ジョーンズ決勝弾

[勝]戸村1試合1勝
[S]青山17試合2敗9S
[敗]村中8試合3勝3敗
[本]ジョーンズ7号①（村中）

東北楽天は2連勝で、交流戦首位に並んだ。今季初登板の戸村は、昨年5月11日以来の白星。一回に先制されたが、二回以降は丁寧に低めを突き、8回を無四球5安打1失点にまとめた。打線はジョーンズが一回に同点犠飛、五回には勝ち越しの7号ソロ。八回は嶋の適時打で貴重な追加点を挙げた。九回を締めた青山が9セーブ目。
ヤクルトは淡泊な攻撃で先発村中を援護できず、今季ワーストに並ぶ借金8。

今季初勝利の先発・戸村

5.22 vs. 巨人 セ・パ交流戦 2－1

東北楽天－巨人１回戦（東北楽天１勝）
◇Kスタ宮城（18時）

先頭長野に本塁打喫す／２死三塁も切り抜ける／田中が粘投初完投勝利

巨人	1	0	0	0	0	0	0	0	0	1
東北楽天	1	0	0	0	1	0	0	0	X	2

（21,354人）

１死満塁で１点止まり／マギー犠飛勝ち越し点／ダメ押しの１点奪えず

楽天、リーグ2位浮上

勝 田中８試合７勝
敗 沢村８試合２勝３敗
本 長野７号①（田中）

東北楽天は先発田中が今季初完投で開幕７連勝。貯金を最多の４とし、リーグ２位に浮上した。田中は初回、先頭長野にソロを浴びたが、二回以降は低めを丁寧に突く投球で要所を締め、９回を７安打１失点でしのいだ。打線は一回、マギーの犠飛で同点に追い付くと、五回には再びマギーが犠飛、勝ち越しに成功した。

巨人は好機に一打を欠き、３連敗。

初完投の先発・田中

5.23 vs. 巨人 セ・パ交流戦 4－10

東北楽天－巨人２回戦（１勝１敗）
◇Kスタ宮城（18時）

打者一巡の猛攻受ける／懸命に中盤失点を防ぐ／ダメ押しの追加点許す

巨人	6	0	0	0	0	0	0	4	0	10
東北楽天	0	1	0	1	1	0	0	1	0	4

（20,405人）

１死二塁で嶋が中犠飛／１点止まり勢い出ない／無死二塁も得点できず

楽天 連勝止まる

勝 笠原11試合２勝１敗
敗 美馬８試合４勝３敗
本 長野８号①（美馬）中井１号③（ハウザー）

東北楽天は巨人に大敗し、連勝が３で止まった。先発美馬が誤算。初回に長野の先頭打者本塁打で先制され、なお１死満塁から亀井、村田の連続適時打などで６失点し、この回で降板した。打線は小刻みに反撃したが、五回一死満塁で暴投による１得点に終わるなど、好機を生かし切れなかった。

巨人は打線が活発で、連敗は３でストップ。

一回、本塁打を浴びた先発・美馬

5.25 vs. 広島 セ・パ交流戦 2－1

広島－東北楽天１回戦（東北楽天１勝）
◇マツダスタジアム（13時32分）

３者連続で空振り三振／２死一二塁得点ならず／M砲先制弾 AJ決勝弾

東北楽天	0	0	0	0	0	0	1	0	1	2
広島	0	0	0	0	0	0	0	1	0	1

（28,017人）

連続無失策聖沢新記録／初のピンチ則本しのぐ／連打で失点一時は同点

楽天 再び交流戦首位

勝 則本９試合４勝３敗
S ラズナー12試合２S
敗 ミコライオ19試合１勝２敗８S
本 マギー９号①（バリントン）ジョーンズ８号①（ミコライオ）

東北楽天が競り合いを制し、オリックスと並び再び交流戦首位に立った。０―０の七回にマギーの左越えソロで先制、追い付かれた直後の九回には、ジョーンズの左越えソロで勝ち越した。先発則本は直球、変化球ともに制球が良く、８回３安打１失点で４勝目。ラズナーが２セーブ目。

広島はバリントンが８回１失点と好投したが、救援のミコライオが誤算。打線も八回の１点のみに終わった。

5.26 vs. 広島 セ・パ交流戦 4－6

広島－東北楽天２回戦（１勝１敗）
◇マツダスタジアム（13時30分）

マエケンに打線が沈黙／約１年ぶり小斉が一発／小刻み加点追い上げた

東北楽天	0	0	0	1	1	0	1	1	0	4
広島	0	0	0	3	0	2	1	0	X	6

（30,380人）

永井も好調走者許さず／永井と金刃手痛い被弾／不運な安打青山が失点

競り負け 連勝止まる

勝 前田健８試合５勝２敗
S ミコライオ20試合１勝２敗９S
敗 永井４試合１勝１敗
本 松山３号③（永井）小斉１号①（前田健）丸４号②（金刃）

東北楽天は広島に競り負け、連勝が２で止まった。先発永井は三回まで好投したが、１―０の四回２死から四死球で一、二塁のピンチを招き、松山に逆転３ランを浴びた。六回には金刃が丸に２ランを許し、点差を広げられた。打線は五回の小斉の１号ソロなどで小刻みに加点したが、及ばなかった。

広島の先発前田健は要所を締め、７回３失点で５勝目。

5.28 vs. 阪神 セ・パ交流戦 7－4

阪神－東北楽天１回戦（東北楽天１勝）
◇甲子園（18時２分）

２死一三塁得点できず／１死三塁もまた無得点／諦めない！粘りで逆転

東北楽天	0	0	0	0	0	0	3	0	4	7
阪神	0	0	2	0	0	0	1	1	0	4

（32,481人）

長打を浴び先制される／１死三塁を出甲しのぐ／勝ち越され後がないぞ

ラズナー３セーブ目

勝 片山18試合３勝１敗
S ラズナー13試合３S
敗 久保19試合２勝３敗６S
本 聖沢２号②（筒井）

東北楽天は打線が粘りを発揮し、逆転勝ちした。３―４の九回１死から銀次が左前打で出塁し、松井の右翼線二塁打で同点。さらに代打島内の左中間三塁打で勝ち越すと、聖沢の右越え２ランで７―４と突き放した。４番手片山が３勝目、ラズナーが３セーブ目を挙げた。先発田中は６回２失点。

阪神は久保が救援に失敗し４連勝を逃した。

5.29 vs. 阪神 セ・パ交流戦 2－0

阪神－東北楽天２回戦（東北楽天２勝）
◇甲子園（18時）

松井二塁打生還ならず／M砲先制打均衡を破る／嶋が適時打貴重な１点

東北楽天	0	0	0	0	0	1	0	0	1	2
阪神	0	0	0	0	0	0	0	0	0	0

（34,858人）

２死満塁を戸村しのぐ／１死満塁でまた無失点／救援４人も得点許さず

今季最多 貯金5

勝 戸村２試合２勝
S ラズナー14試合４S
敗 榎田９試合２勝５敗

東北楽天は２連勝で貯金を今季最多の５とし、交流戦単独首位に浮上。先発戸村は６回無失点で２勝目。計８四死球と乱調ながら粘った。七回以降は４投手の継投で逃げ切り、ラズナーが４セーブ目。打線は六回、マギーの適時打で１点を挙げ、九回には嶋の適時打で２点目を加えた。

阪神は３度の満塁機を逃すなど拙攻が目立ち、８回１失点の先発榎田を援護できなかった。

5.31 vs. DeNA セ・パ交流戦 10－3

東北楽天－ＤｅＮＡ３回戦（東北楽天３勝）
◇Kスタ宮城（18時）

散発２安打危なげなし／４安打許し則本２失点／３人目土屋一発浴びる

DeNA	0	0	0	0	0	2	0	0	1	3
東北楽天	3	4	0	0	0	1	0	2	X	10

（15,355人）

松井先制弾ＪＭ砲連弾／銀次適時打貴重な加点／ＡＪ２発目ダメ押し弾

則本5勝目

勝 則本10試合５勝３敗
敗 井納10試合２勝５敗
本 松井５号①（井納）ジョーンズ９号③（井納）10号②（山口）マギー10号①（井納）後藤２号①（土屋）

東北楽天は序盤に打線がつながって３連勝、貯金を６とした。一回、松井の先頭打者本塁打と島内の２点適時打で３点を先制。二回にはジョーンズの３ランとマギーのソロで４点を加え、７―０と大量リードを奪った。ジョーンズは八回にも２ランを放った。先発則本は７回２失点の好投で５勝目をマークした。

DeNAは５連敗。先発井納が二回途中で降板したのが誤算だった。

マギーの本塁打などで大量点

6.1 vs. DeNA　セ・パ交流戦　3－4

東北楽天－ＤｅＮＡ最終戦（東北楽天３勝１敗）
◇Ｋスタ宮城（14時１分）

いいぞ永井１安打投球／２死一二塁踏ん張った／５安打許しああ４失点

ＤｅＮＡ	0	0	0	0	0	0	4	0	0	4
東北楽天	0	0	0	0	1	0	0	0	2	3

（20,413人）

走者出すも併殺で逸機／２試合連続ＡＪアーチ／銀次２点打粘り見せた

楽天交流戦2位に後退

勝 藤井10試合４勝１敗
Ｓ 山口21試合４勝２敗７Ｓ
敗 永井５試合１勝２敗
本 ジョーンズ11号①（藤井）

東北楽天は逆転負け。連勝は３で止まり、交流戦は２位、リーグでは３位に後退した。
先発永井は六回まで２安打無失点と好投したが、七回に３本の適時打を含む５安打を喫し４失点した。打線は五回、ジョーンズの２試合連続となる11号ソロで先制。九回は銀次の左前２点打で１点差に迫ったが、後続を断たれた。
ＤｅＮＡは連敗を５で止めた。藤井が８回１失点で４勝目。

七回、同点打を許した永井

6.2 vs. 中日　セ・パ交流戦　1－0

東北楽天－中日３回戦（中日２勝１敗）
◇Ｋスタ宮城（17時）

藤田と聖沢好守で貢献／菊池無失点83球で交代／ラズが抑え零封リレー

中　日	0	0	0	0	0	0	0	0	0	0
東北楽天	1	0	0	0	0	0	0	0	X	1

（17,065人）

聖沢先制打松井が生還／２死一二塁小斉が三振／２死二三塁追加点なく

楽天 無失点リレー

勝 菊池10試合１勝４敗
Ｓ ラズナー15試合５Ｓ
敗 山本昌４試合２勝１敗

東北楽天は無失点リレーで交流戦単独首位に返り咲いた。先発菊池は六回途中無失点。この後、ハウザー、青山、片山、ラズナーとつなぎ、一回に聖沢の左前適時打で挙げた１点を守り切った。菊池は今季初勝利。九回を締めたラズナーは５セーブ目。
中日は六回途中１失点の先発山本昌を援護できず、借金は今季最多の10となった。

今季初勝利の先発・菊池

6.3 vs. 中日　セ・パ交流戦　2－1

東北楽天－中日最終戦（２勝２敗）
◇Ｋスタ宮城（18時）

２死三塁のピンチ脱す／１死一二塁鮮やか併殺／完封目前で田中が失点／ラズナーが２者を三振

中　日	0	0	0	0	0	0	0	0	1	0	0	1
東北楽天	1	0	0	0	0	0	0	0	0	0	1x	2

（14,461人）延長11回

ＡＪが打ち見事に先制／１死一塁で同じく併殺／２死一二塁得点ならず／１死満塁で嶋が決めた

貯金最多7

勝 ラズナー16試合１勝５Ｓ
敗 武藤26試合１勝２敗

東北楽天が今季初のサヨナラ勝ち。貯金を今季最多の７とし、交流戦の首位を守った。１－１の延長十一回、１死満塁から嶋が中前打を放って決勝点を挙げた。先発田中は完封目前の九回、和田の適時打で同点に追い付かれた。ラズナーが今季初勝利。
中日は３連敗。九回に同点とした後、なお無死満塁で一打を欠いたのが痛かった。

サヨナラ打で祝福を受ける嶋

6.5 vs. ヤクルト　セ・パ交流戦　5－9

ヤクルト－東北楽天３回戦（東北楽天２勝１敗）
◇神宮（18時）

集中打見事鮮やか先制／無死一塁も三振併殺に／２死後島内意地の一発

東北楽天	4	0	0	0	0	0	0	0	1	5
ヤクルト	1	0	0	0	0	8	0	0	X	9

（14,215人）

ミレッジに打たれ失点／救援陣無残抑え切れず／初登板宮川懸命の投球

交流戦首位 陥落

勝 江村12試合２勝
敗 青山22試合３敗９Ｓ
本 マギー11号③（村中）相川１号②（青山）ミレッジ６号④（土屋）島内１号①（山本哲）

東北楽天は救援陣が崩れ逆転負け。交流戦首位から陥落した。４－１の六回、相川の２ラン、ミレッジの満塁本塁打など打者13人の猛攻を浴び一挙８点を奪われた。先発戸村は六回途中３失点。救援した青山、ハウザー、土屋も失点を重ねた。打線は一回、マギーの３ランなどで４点を先取したが、二回以降はつながりを欠いた。
ヤクルトは今季チーム最多の17安打。

6.6 vs. ヤクルト　セ・パ交流戦　9－4

ヤクルト－東北楽天最終戦（東北楽天３勝１敗）
◇神宮（18時１分）

無死一塁で併殺を喫す／Ｍ砲３ラン一気に逆転／守乱に乗じ点差広げる

東北楽天	0	0	0	4	0	0	0	1	4	9
ヤクルト	0	0	2	0	0	1	0	1	0	4

（14,034人）

四球起点に先制される／則本粘るも１発浴びる／３人が継投逃げ切った

楽天再び交流戦首位

勝 則本11試合６勝３敗
敗 石川11試合２勝５敗
本 マギー12号③（石川）相川２号①（則本）バレンティン16号①（小山伸）

東北楽天が逆転勝ちし、ソフトバンクと並んで再び交流戦首位に立った。０－２の四回、マギーの２試合連続となる３ランで逆転に成功、さらに嶋の適時打で４－２とした。八、九回には失策や押し出し四球など相手の乱れに乗じて加点した。先発則本は６回３失点で６勝目。
ヤクルトは最下位に転落。三回に先制したが、先発石川が四回に崩れた。

6.8 vs. 巨人　セ・パ交流戦　3－5

巨人－東北楽天３回戦（巨人２勝１敗）
◇東京ドーム（18時）

１死満塁で鉄平は三振／左前ポトリ聖沢適時打／銀次出塁も後が続かず

東北楽天	0	0	0	0	3	0	0	0	0	3
巨　人	0	0	1	2	0	1	0	1	X	5

（44,993人）

２死二塁で左前打許す／２人目菊池ソロ食らう／５人目青山抑え切れず

交流戦2位に後退

勝 菅野11試合６勝２敗
Ｓ 西村28試合２勝２敗15Ｓ
敗 菊池11試合１勝５敗
本 ボウカー７号②（永井）阿部16号①（菊池）

東北楽天が競り負け、交流戦２位に後退した。３－３の六回、２番手菊池が阿部のソロで勝ち越された。八回には青山が小笠原に適時二塁打を浴び、さらに１点を失った。先発永井は４回３失点。打線は五回２死満塁から聖沢の３点二塁打で追い付いたが、その後は継投にかわされた。
巨人は４連勝。先発菅野は七回途中３失点でリーグトップに並ぶ６勝目を挙げた。

6.9 vs. 巨人　セ・パ交流戦　5－3

巨人－東北楽天最終戦（２勝２敗、14時、東京ドーム、46,087人）

東北楽天	010	400	000	5
巨　人	000	000	012	3

3年ぶり交流戦勝ち越し

勝 田中11試合８勝
敗 内海11試合４勝３敗
本 中島１号①（内海）

東北楽天は投打がかみ合い快勝、３年ぶりの交流戦勝ち越しを決めた。
先発田中は丁寧な投球で７回３安打無失点。球団記録となる自身初の開幕８連勝を飾った。打線は二回、中島の１号ソロで先制。四回には島内の３点二塁打、田中の適時二塁打で一挙４点を追加した。
巨人は一回１死満塁の好機を逸したのが響き、連勝が４で止まった。

6.13 vs. 広島　セ・パ交流戦　4－5

東北楽天－広島最終戦（広島３勝１敗）

◇Ｋスタ宮城（18時）

２死取って ソロ食らう／２死満塁を 切り抜ける／２人目ラズ 抑え切れず

広島	0	0	1	0	0	0	0	0	4	5
東北楽天	3	0	0	0	0	0	0	0	1	4

（17,677人）

Ｍ砲さく裂 先制３ラン／無死一二塁 後が続かず／追い上げも １点届かず

則本の好投実らず

勝久本16試合２勝１敗
Ｓ今村30試合２敗２Ｓ
敗ラズナー19試合１勝１敗５Ｓ
本マギー13号③（中崎）会沢１号①（則本）

東北楽天が逆転負けを喫し、交流戦初優勝を逃した。

３－１の九回、抑えのラズナーが４連打を含む５短長打を浴び、一挙４点を失った。先発則本は直球、変化球ともに切れがあり、８回１失点の好投を見せた。打線は一回２死一、二塁からマギーの３ランで先制した。九回、１点差まで追い上げたが力尽きた。

広島は５連勝。

勝ち越しを許した抑え・ラズナー

6.12 vs. 広島　セ・パ交流戦　3－4

東北楽天－広島３回戦（広島２勝１敗）

◇Ｋスタ宮城（18時１分）

１点失うも 無難な投球／１死二三塁 切り抜ける／４人目青山 適時打喫す／２死取るも ソロ浴びる

広島	1	0	0	0	0	0	0	2	0	1	4
東北楽天	0	0	0	0	2	0	0	0	1	0	3

（15,117人）延長10回

無死の走者 進められず／島内右越え 勝ち越し弾／代打の岡島 中前適時打／２死三塁の 粘り及ばず

リーグ3位転落

勝ミコライオ25試合２勝２敗12Ｓ
敗小山伸19試合１敗
本島内２号②（大竹）エルドレッド４号①（小山伸）

東北楽天は救援陣が踏ん張れず、競り負けてリーグ３位に転落した。３－３の延長十回、５番手小山伸が２死走者なしからエルドレッドに決勝ソロを浴びた。先発戸村は七回途中１失点と試合をつくった。

打線は五回、島内の２ランでいったんは２－１と逆転に成功。九回には岡島の適時打で３－３の同点とし、粘りを発揮したが及ばなかった。

広島は４連勝。

本塁打を浴び、肩を落とす小山伸

6.16 vs. 阪神　セ・パ交流戦　3－0

東北楽天－阪神最終戦（東北楽天４勝）

◇Ｋスタ宮城（13時１分）

無死満塁を 田中しのぐ／走者許さず 完璧な投球／ピンチ脱し 今季初完封

阪神	0	0	0	0	0	0	0	0	0	0
東北楽天	0	0	2	0	1	0	0	0	X	3

（21,430人）

左打者３人 ２死後連打／藤田適時打 藤浪は降板／継投に沈黙 追加点なく

連勝記録 9に伸ばす

勝田中12試合９勝
敗藤浪10試合４勝２敗

東北楽天は先発田中が要所を締め、６安打で今季初完封。開幕からの連勝記録を９に伸ばした。打線は三回に藤田、松井、銀次の３連続長短打で２点を先取。五回は１死三塁から藤田の適時打で追加点を挙げた。

阪神は３連敗。先発藤浪は五回途中３失点で２敗目を喫した。打線は二回無死満塁で無得点に終わったのが響いた。

ファンの声援に応える田中

6.15 vs. 阪神　セ・パ交流戦　2－1

東北楽天－阪神３回戦（東北楽天３勝）

◇Ｋスタ宮城（14時）

坂に打たれ 振り出しに／永井懸命に 粘りの投球／２番手青山 危なげなし

阪神	0	0	1	0	0	0	0	0	0	1
東北楽天	0	1	1	0	0	0	0	0	X	2

（21,252人）

勝ち越し弾 松井が放つ／快音がなく 走者出せず／どうしても 能見打てず

楽天 連敗止める

勝永井７試合２勝２敗
Ｓラズナー20試合１勝１敗６Ｓ
敗能見11試合６勝３敗
本松井６号①（能見）

東北楽天が競り勝ち、連敗を２で止めた。二回に暴投で１点を先制し、１－１の三回に松井の６号ソロで勝ち越した。先発永井は伸びのある直球と緩いカーブを効果的に使い、６回１失点で今季２勝目。七、八回は青山がいずれも三者凡退に打ち取り、九回はラズナーが締めて６セーブ目。

阪神は３安打２失点で完投した能見を援護できなかった。

好投した2番手・青山

6.22 vs. ソフトバンク　2－8

東北楽天－ソフトバンク８回戦（ソフトバンク５勝３敗）

◇Ｋスタ宮城（18時）

先制本塁打 今宮に許す／きっかけは 今宮の長打／懸命の戸村 力尽き降板

ソフトバンク	0	1	0	0	2	0	3	0	2	8
東北楽天	0	1	0	0	1	0	0	0	0	2

（19,717人）

銀次が犠飛 すぐに同点／一、三塁で 大場ボーク／先頭出塁も 後が続かず

先発戸村 6失点

勝大場３試合１勝２敗
敗戸村５試合２勝１敗
本今宮４号①（戸村）

東北楽天は投打ともに精彩を欠いて２連敗。先発戸村は要所で制球が甘くなり、七回途中６失点で今季初黒星。二回、今宮に先制ソロを浴び、五回には今宮の二塁打を皮切りに４連打で２失点。七回には３点を奪われた。打線は散発５安打で２得点に終わった。

ソフトバンクは大場が５回２失点で今季初勝利。打線は先発全員の15安打８得点と活発だった。

三振し、ベンチに戻るジョーンズ

6.21 vs. ソフトバンク　2－13

東北楽天－ソフトバンク７回戦（ソフトバンク４勝３敗）

◇郡山（18時１分）

則本２失点 主導権渡す／投手陣崩れ 点差広がる／失点が２桁 ファン嘆息

ソフトバンク	0	2	0	1	1	4	3	1	1	13
東北楽天	0	0	0	1	0	0	1	0	0	2

（11,214人）

期待のＪＭ 好機で凡退／敵失で１点 追い上げる／12安打放ち ２点で終了

打線つながり欠く

勝摂津11試合７勝３敗
敗則本13試合６勝４敗

東北楽天が大敗し、ソフトバンクと入れ替わり３位に後退。先発則本は制球に苦しみ、自己最短の５回４失点で降板。二回に３長短打とスクイズで２点を失い、四、五回にも適時打を浴びた。打線は12安打を放ったが、三回１死満塁でジョーンズが併殺打に倒れるなどつながりを欠いた。

ソフトバンク摂津は６回１失点で７勝目。毎回の21安打と13得点はともに今季最多。

適時打を許し、肩を落とす則本

6.23 vs. ソフトバンク 5－2

東北楽天―ソフトバンク9回戦（ソフトバンク5勝4敗）

◇Kスタ宮城（14時）

得点の直後 中村に被弾／得点後また 本塁打許す／2死満塁を 青山しのぐ

	1	2	3	4	5	6	7	8	9	計
ソフトバンク	0	0	1	1	0	0	0	0	0	2
東北楽天	0	2	1	0	0	0	0	2	X	5

（19,411人）

マギー一発 鮮やか先制／2死一二塁 突き放せず／勝利に向け 貴重な加点

リーグ戦再開後初勝利

勝 ダックワース8試合3勝3敗
S ラズナー21試合1勝1敗7S
敗 帆足10試合5勝2敗
本 マギー14号②（帆足）中村1号①（ダックワース）松田8号①（ダックワース）

東北楽天が外国人選手の投打の活躍で、リーグ戦再開後初勝利を挙げた。先発ダックワースは7回4安打2失点で今季3勝目。2本のソロ本塁打を浴びたが、大崩れしなかった。ラズナーは7セーブ目。打線は二回にマギーの2ランで先制、三回はジョーンズの適時打で加点した。

ソフトバンクは終盤、攻撃で好機を生かせず、反対に守りのミスから失点した。

3勝目を挙げたダックワース

6.25 vs. 西武 11－0

西武―東北楽天7回戦（西武4勝3敗）

◇西武ドーム（18時）

好機続くも 適時打出ず／打者10人で 6安打集中／打線大爆発 22安打記録

	1	2	3	4	5	6	7	8	9	計
東北楽天	0	0	0	2	6	1	1	1	0	11
西武	0	0	0	0	0	0	0	0	0	0

（14,528人）

ピンチ連続 切り抜けた／調子は上々 3人で料理／お疲れさま 田中10連勝

楽天 2位浮上

勝 田中13試合10勝
敗 牧田12試合4勝5敗
本 マギー15号①（牧田）

東北楽天が大勝し、2位に浮上した。先発田中は要所を締めて7回3安打無失点。開幕からの連勝記録を10に伸ばした。打線は球団記録を二つ伸ばす22安打で11得点。四回にマギーの15号ソロなどで2点を先取すると、五回は6長短打で6点を挙げて突き放した。以降も小刻みに加点した。

西武は投手陣が崩壊。二回と三回の先制機を逃したのが痛かった。

6.26 vs. 西武 0－1

西武―東北楽天8回戦（西武5勝3敗）

◇西武ドーム（18時）

前夜と違い 打線が沈黙／2死三塁に AJ砲凡退／打線無安打 永井見殺し

	1	2	3	4	5	6	7	8	9	計
東北楽天	0	0	0	0	0	0	0	0	0	0
西武	0	0	0	0	0	0	0	1	X	1

（12,707人）

2死一二塁 永井抑える／丁寧な投球 1安打のみ／痛恨の一球 決勝弾許す

楽天 散発2安打

勝 野上12試合4勝2敗
S サファテ25試合4勝3S
敗 永井8試合2勝3敗
本 栗山6号①（永井）

東北楽天は打線が振るわず零封負けを喫した。先発永井は七回まで3安打無失点、6奪三振の力投を見せたが、八回に栗山に決勝の6号ソロを浴びた。打線は散発2安打。六回1死二塁の好機を逸すなど、永井を援護できなかった。

西武は先発野上が8回2安打無失点で約2カ月ぶりの4勝目を挙げた。チームの連敗は2で止まった。

6.27 vs. 西武 10－1

西武―東北楽天9回戦（西武5勝4敗）

◇県営大宮（18時）

打撃陣猛攻 涌井をKO／投手代わり 攻撃は一服／打線再起動 5点を奪う

	1	2	3	4	5	6	7	8	9	計
東北楽天	2	1	2	0	0	0	0	0	5	10
西武	0	1	0	0	0	0	0	0	0	1

（20,051人）

援護受けて 川井に余裕／走者出すも 得点許さず／小山伸力投 締めくくる

楽天 10得点大勝

勝 川井1試合1勝
敗 涌井14試合4勝4敗
本 スピリー3号①（川井）

東北楽天は投打がかみ合い快勝。今季初登板の先発川井は6回1失点で初勝利。二回にスピリーの3号ソロを許したが、その後は無失点でしのいだ。打線は一回、島内の適時打など4安打で2点を先取。二回は藤田の左犠飛で1点、三回にも2点を加えた。九回は岩崎の3点二塁打などで一挙5点を挙げ突き放した。

西武は5月19日以来の先発となる涌井が三回途中5失点と誤算だった。

6.28 vs. オリックス 2－3

オリックス―東北楽天8回戦（東北楽天6勝2敗）

◇京セラドーム大阪（18時1分）

走者出すも 後が続かず／島内と松井 連続アーチ／追加点なし 嫌なムード

	1	2	3	4	5	6	7	8	9	計
東北楽天	0	0	0	0	2	0	0	0	0	2
オリックス	0	0	0	0	0	1	0	0	2x	3

（14,726人）

暴投発端の ピンチ脱す／捕逸絡んで 1点与える／あと1人で 白星消えた

島内、松井の連弾実らず

勝 比嘉29試合2勝2敗
敗 則本14試合6勝5敗
本 島内3号①（マエストリ）松井7号①（マエストリ）

東北楽天がサヨナラ負け。先発則本は2―1の九回、先頭打者への四球をきっかけに1死満塁のピンチを招いた。T―岡田は三振に仕留めたが、代打高橋信に右越え二塁打を浴びた。打線は五回に島内、松井の連続ソロで2点を先制したものの、七回無死二塁の好機を生かせなかったのが響いた。

オリックスは今季2度目のサヨナラ勝ち。

6.29 vs. オリックス 2－0

オリックス―東北楽天9回戦（東北楽天7勝2敗）

◇京セラドーム大阪（14時）

銀次適時打 3番の仕事／聖沢二塁打 差を広げる／継投の前に 追加点なく

	1	2	3	4	5	6	7	8	9	計
東北楽天	0	0	1	0	1	0	0	0	0	2
オリックス	0	0	0	0	0	0	0	0	0	0

（20,187人）

2死一三塁 戸村しのぐ／1安打のみ 続く無失点／3者三振で ラズ8S目

ラズナー8S

勝 戸村6試合3勝1敗
S ラズナー22試合1勝1敗8S
敗 井川5試合2勝2敗

東北楽天は継投が決まり無失点リレー。先発戸村は直球、変化球を内外角に投げ分け打たせて取り、7回無失点で3勝目。八回は青山が3人で抑え、九回はラズナーが3者三振で締め8セーブ目を挙げた。打線は三回、銀次の適時打で先制し、五回は聖沢の適時打で加点した。

オリックスは散発3安打と打線が不発だった。井川は6回2失点で2敗目。

6.30 vs. オリックス 2－1

オリックス―東北楽天10回戦（東北楽天8勝2敗）

◇京セラドーム大阪（13時）

松井が犠飛 追い付いた／安打出たが 後が続かず／勝ち越し機 あと一本が／M砲さすが 決勝二塁打

	1	2	3	4	5	6	7	8	9	10	計
東北楽天	0	1	0	0	0	0	0	0	0	1	2
オリックス	1	0	0	0	0	0	0	0	0	0	1

（23,596人）延長10回

2番に被弾 ダック失点／銀次好守備 ピンチ救う／救援陣好投 得点許さず／2戦連続で ラズ締めた

4年ぶり貯金8

勝 青山31試合1勝3敗9S
S ラズナー23試合1勝1敗9S
敗 平野佳30試合1勝3敗16S
本 駿太1号①（ダックワース）

東北楽天が延長戦を制し、4年ぶりに貯金8とした。二回に松井の犠飛で1―1の同点とし、十回1死一塁からマギーの適時二塁打で勝ち越しに成功した。投手陣は先発ダックワース、小山伸、青山、ラズナーのリレーで最少失点でしのいだ。九回を無失点の青山が今季初勝利。

オリックスはわずか1安打。一回の駿太のプロ初本塁打となるソロだけだった。

7.2 vs. ロッテ　7－0

東北楽天－ロッテ９回戦（ロッテ５勝４敗）
◇Ｋスタ宮城（18時）

一、三塁のピンチ脱す／２死三塁も全く動じず／無死二塁に田中慌てず

ロッテ	0	0	0	0	0	0	0	0	0	0
東北楽天	1	3	0	0	2	0	0	1	X	7

（14,347人）

打線が援護着々と得点／さらに加点楽な展開に／藤田が長打ダメ押し点

楽天圧倒３連勝

勝田中14試合11勝
敗唐川13試合４勝６敗
本マギー16号①（唐川）

　東北楽天は投打で圧倒し３連勝。先発田中は８回無失点で開幕11連勝。連続無失点イニングを自己最長の31回に伸ばした。打線は１－０の二回、銀次の２点適時打などで計３点を挙げた。五回はマギーの16号ソロ、聖沢の適時打で２点を追加。八回には藤田の適時二塁打でダメ押しした。
　ロッテは先発唐川が５回６失点（自責５）と踏ん張れなかった。

二回、銀次が2点適時打を放つ

7.4 vs. ロッテ　8－4

東北楽天－ロッテ10回戦（５勝５敗）
◇Ｋスタ宮城（18時）

４連打許し振り出しに／窮地で併殺川井助かる／○で貯金10待望の首位

ロッテ	0	0	2	0	0	0	2	0	0	4
東北楽天	2	0	0	2	2	2	0	0	X	8

（11,819人）

ＡＪ砲爆発先制２点弾／２打席連続ＡＪ２ラン／打線が沈黙連続無得点

４連勝で貯金10

勝川井２試合２勝
敗古谷２試合１勝１敗
本ジョーンズ12号②（古谷）13号②（古谷）

　東北楽天が４連勝。2009年以来の貯金10とし、ロッテと同率で首位に並んだ。一回にジョーンズの２ランで先制。２－２で迎えた四回もジョーンズが２ランを放って勝ち越し。五回にはマギーの２点二塁打で点差を広げた。先発川井は六回途中２失点で今季２勝目。この後を５投手の継投で反撃をかわした。
　ロッテは先発古谷が勝負どころでつかまった。

四回、ジョーンズが２本目２ラン

7.5 vs. ソフトバンク　1－6

ソフトバンク－東北楽天10回戦（ソフトバンク６勝４敗）
◇ヤフオクドーム（18時）

天敵摂津を攻めあぐむ／安打出るが二塁踏めず／枡田が犠飛意地見せる

東北楽天	0	0	0	0	0	0	0	1	0	1
ソフトバンク	4	0	0	0	0	0	2	0	X	6

（30,079人）

打ち込まれ則本即ＫＯ／久々長谷部４回完璧に／吉川に試練追加点許す

楽天５連勝ならず

勝摂津13試合９勝３敗
敗則本15試合６勝６敗

　東北楽天は先発則本の乱調で５連勝はならなかった。一回、４連続長短打を含む５安打４失点で降板し６敗目。今季初登板の２番手長谷部は４回無安打、５奪三振の好投。打線は６安打を放ちながらつながりを欠き、八回に枡田の犠飛で１点を返しただけだった。
　ソフトバンクは摂津が２試合連続の完投で９勝目。チームの連敗を５で止めた。

7.6 vs. ソフトバンク　8－4

ソフトバンク－東北楽天11回戦（ソフトバンク６勝５敗）
◇ヤフオクドーム（14時）

豪快ＡＪ砲先制２ラン／果敢な走塁奏功し逆転／ＡＪと森山ダメ押し打

東北楽天	2	0	1	0	2	1	0	0	2	8
ソフトバンク	2	1	1	0	0	0	0	0	0	4

（35,709人）

戸村制球難失点重ねる／前夜の借り則本返した／３人で継投反撃封じる

楽天５回に逆転

勝則本16試合７勝６敗
敗パディーヤ８試合２勝４敗
本ジョーンズ14号②（パディーヤ）

　東北楽天が単独首位に浮上した。３－４の五回、聖沢、藤田の連打で無死一、二塁の好機を築くと、銀次の左前打で同点に追い付き、マギーの遊ゴロの間に勝ち越した。その後も着実に加点し、ソフトバンクを突き放した。前日先発した則本が三回途中から登板し、３回⅓を無失点でしのいで７勝目を挙げた。
　ソフトバンクは先発パディーヤが誤算だった。

7.7 vs. ソフトバンク　7－0

ソフトバンク－東北楽天12回戦（６勝６敗）
◇ヤフオクドーム（13時）

無死の走者送れず併殺／１死一三塁島内併殺打／ＡＪ満塁弾試合決める

東北楽天	0	0	0	0	0	0	0	6	1	7
ソフトバンク	0	0	0	0	0	0	0	0	0	0

（36,403人）

２死満塁を切り抜けた／ダック好調危なげなし／７回１安打ダック４勝

今季最多の貯金11

勝ダックワース10試合４勝３敗
敗帆足12試合５勝４敗
本ジョーンズ15号④（金沢）島内４号①（星野）

　東北楽天は八回に一挙６点を奪い２連勝。貯金を今季最多の11とした。０－０のこの回、１死満塁から銀次の適時打、ジョーンズの15号満塁本塁打などで勝負を決めた。
　先発ダックワースは７回１安打無失点の好投で４勝目。八回からは青山、斎藤の継投で反撃を断った。
　ソフトバンクは打線が振るわず、先発帆足を援護できなかった。

7.9 vs. 日本ハム　5－0

東北楽天－日本ハム９回戦（東北楽天５勝４敗）
◇東京ドーム（18時６分）

マー君好調１安打のみ／危なげなし無失点続く／４安打完封開幕12連勝

日本ハム	0	0	0	0	0	0	0	0	0	0
東北楽天	1	1	2	0	1	0	0	0	X	5

（43,683人）

島内＆Ｍ砲本塁打攻勢／押し出しで点差広げる／打線が湿り得点ならず

マギー先制二塁打

勝田中15試合12勝
敗武田勝12試合５勝５敗
本島内５号①（武田勝）マギー17号②（武田勝）

　東北楽天が３連勝。先発田中は今季２度目の完封勝利で、連続無失点イニングを40とし、開幕からの連勝を12に伸ばした。打線は一回にマギーの適時二塁打で１点を先制。二回は島内の５号ソロ、三回にはマギーが17号２ランを放ち、序盤で流れを引き寄せた。
　日本ハムは先発武田勝が五回途中５失点と崩れ、打線も無得点に終わって勝率５割に逆戻り。

7.10 vs. 日本ハム　1－4

東北楽天－日本ハム10回戦（５勝５敗）
◇Ｋスタ宮城（18時１分）

得点直後に痛い失点！／永井打たれ途中で降板／３番手斎藤懸命の投球

日本ハム	0	0	1	3	0	0	0	0	0	4
東北楽天	0	1	0	0	0	0	0	0	0	1

（15,428人）

先制本塁打ＡＪが放つ／１死一塁で併殺を喫す／２死一三塁ああ無得点

楽天連勝止まる

勝ウルフ12試合４勝３敗
Ｓ武田久24試合２勝１敗15Ｓ
敗永井９試合２勝４敗
本ジョーンズ16号①（ウルフ）大谷１号②（永井）

　東北楽天は投打がかみ合わず、連勝は３で止まった。先発永井は制球が甘く、四回途中４失点で降板し、４敗目を喫した。打線は二回にジョーンズのソロ本塁打で先制したが、それ以外は得点できなかった。
　日本ハムの先発ウルフは八回途中１失点の好投で今季４勝目。打線は１－１の四回に大谷のプロ初本塁打などで３点を勝ち越した。

四回、適時打を許した先発・永井

7.11 vs. 日本ハム 3－0

東北楽天－日本ハム11回戦（東北楽天6勝5敗）
◇Kスタ宮城（18時）

1死二塁を切り抜けた / 無死一二塁後続を断つ / 3人目ラズ10セーブ目

日本ハム	0	0	0	0	0	0	0	0	0	0
東北楽天	0	0	2	0	0	0	1	0	X	3

（11,931人）

2死一三塁銀次三塁打 / 打線音なし1四球のみ / 枡田が1号ダメ押し弾

枡田 今季1号

勝川井3試合3勝
Sラズナー26試合1勝1敗10S
敗谷元13試合3勝4敗1S
本枡田1号①（谷元）

東北楽天が5カード連続で勝ち越した。先発川井は制球が良く、7回を3安打無失点の好投で3勝目をマーク。無四球と安定感があった。八回は青山、九回はラズナーが無得点に抑えた。打線は三回2死一、三塁から銀次の三塁打で2点を先制。七回には枡田の1号ソロで加点した。

日本ハムは打線が精彩を欠き、勝率5割に逆戻り。

銀次が先制の2点適時三塁打

7.12 vs. 西武 3－4

東北楽天－西武10回戦（西武6勝4敗）
◇Kスタ宮城（18時）

岩崎が失策先制点献上 / 戸村不用意一発浴びる / ラズまさか同点打喫す / 渡辺二塁打生還を許す

西武	0	1	0	0	0	1	0	0	1	0	0	1	4
東北楽天	0	0	0	1	0	1	1	0	0	0	0	0	3

（12,758人）延長12回

走者出すも中軸が凡退 / M砲右翼へ同点アーチ / 左打者3人連打で得点 / 6打席目もAJ音なし

延長12回競り負ける

勝岡本洋13試合2勝
S松下2試合1S
敗星野11試合1敗
本栗山8号①（戸村）マギー18号①（菊池）

東北楽天は延長戦の末に競り負けた。3－3の十二回、この回から登板した6番手星野が先頭の代打渡辺に右翼線二塁打を浴び、代わった宮川が1死三塁から大崎に決勝の犠飛を許した。3－2とリードして迎えた九回、ラズナーが先頭への四球をきっかけに、2死から同点とされたのが痛かった。

西武の渡辺は移籍後初安打。松下がプロ初セーブ。

七回、勝ち越し打を放つ銀次

7.13 vs. 西武 3－1

東北楽天－西武11回戦（西武6勝5敗）
◇Kスタ宮城（14時）

渡辺が生還先制を許す / 窮地で則本気迫の投球 / 前夜の雪辱ラズ締める

西武	1	0	0	0	0	0	0	0	0	1
東北楽天	0	0	0	1	2	0	0	0	X	3

（18,722人）

1死一二塁中軸が凡退 / AJ左翼へ豪快同点弾 / 好機築くも追加点なく

楽天逆転 逃げ切る

勝則本17試合8勝6敗
Sラズナー28試合1勝1敗11S
敗十亀16試合6勝6敗
本ジョーンズ17号①（十亀）

東北楽天は逆転勝ちで貯金を12に戻した。先発則本は尻上がりに調子を上げ、6回1失点でリーグ新人トップの8勝目。七回から小山伸、ラズナーの継投で逃げ切った。

打線は四回、ジョーンズが同点の17号ソロ。五回はジョーンズの押し出し四球とマギーの遊ゴロで2点を勝ち越した。

西武は十亀が踏ん張れず、打線も六回無死一、二塁で3者連続三振を喫するなど精彩を欠いた。

六回、雄たけびを上げる先発・則本

7.14 vs. 西武 2－5

東北楽天－西武12回戦（西武7勝5敗）
◇Kスタ宮城（13時）

5連打浴びダック降板 / 2番手永井粘りの投球 / 久々の福山制球に課題

西武	0	0	4	0	0	0	0	1	0	5
東北楽天	0	0	1	0	0	0	0	1	0	2

（21,283人）

二塁打2本1点を返す / 岸の球威に押され気味 / 捉え切れず完投許した

勝岸15試合5勝5敗
敗ダックワース11試合4勝4敗

6カードぶり負け越し

東北楽天が6カードぶりに負け越した。先発ダックワースは三回1死から渡辺、栗山、浅村らに5連打を浴び、一挙4失点で降板。八回には4番手福山がヘルマンに適時打を許し、決定的な5点目を奪われた。打線は、緩急を有効に使った西武岸を捉え切れなかった。

岸は7安打2失点で完投し、5勝目を挙げた。

三回、適時打を許すダックワース

7.15 vs. オリックス 1－0

オリックス－東北楽天11回戦（東北楽天9勝2敗）
◇京セラドーム大阪（17時2分）

2死満塁でAJが凡退 / 好機築くも本塁が遠く / 均衡破った枡田決勝弾

東北楽天	0	0	0	0	0	0	0	0	1	1
オリックス	0	0	0	0	0	0	0	0	0	0

（20,184人）

2死三塁のピンチ脱す / 長谷部粘投続く無失点 / ラズ12S目小山伸初○

小山伸 今季初勝利

勝小山伸27試合1勝1敗
Sラズナー29試合1勝1敗12S
敗佐藤達41試合2勝1敗
本枡田2号①（佐藤達）

東北楽天が接戦を制し、球団史上初の前半戦首位ターンを決めた。

逸機が続いて0－0で迎えた九回、枡田が右中間に決勝ソロを放った。2011年10月以来の先発となった長谷部は、6回を3安打無失点と好投。2番手小山伸が今季初勝利、九回を締めたラズナーが12セーブ目を挙げた。

オリックスは好機に一打を欠いた。

7.16 vs. オリックス 4－1

オリックス－東北楽天12回戦（東北楽天10勝2敗）
◇京セラドーム大阪（18時1分）

けん制球で島内アウト / 島内2点打名誉挽回だ / また島内だ今度は犠飛

東北楽天	0	0	0	0	2	1	0	1	0	4
オリックス	0	0	1	0	0	0	0	0	0	1

（11,860人）

連続無失点記録止まる / 安打許さず快調な田中 / 4度目完投開幕13連勝

楽天 球団タイ貯金13

勝田中16試合13勝
敗ディクソン12試合5勝3敗

東北楽天は先発田中が5安打1失点で今季4度目の完投勝利。開幕から無傷の13連勝を飾った。打線は0－1の五回に2連打と四球で1死満塁とし、島内の2点適時打で逆転。六回は松井の適時打で3点目、八回は島内の犠飛で加点し突き放した。貯金13は球団タイ。

オリックスは3連敗で前半戦の最下位が決定。投手陣が踏ん張れず、打線も工夫を欠いた。

1失点完投の先発・田中

7.25 vs. ソフトバンク　2－5

ソフトバンク－東北楽天14回戦（7勝7敗）
◇ヤフオクドーム（18時1分）

２死二塁も適時打出ず／４安打集中一気に逆転／攻めあぐね４度目併殺

東北楽天	0	0	0	2	0	0	0	0	0	2
ソフトバンク	0	1	0	0	0	0	2	2	X	5

（38,561人）

失策絡みで先制許した／２死一三塁タック粘る／救援打たれ苦しい展開

救援陣打ち込まれる

勝帆足14試合６勝４敗
Ｓ五十嵐20試合１勝３敗３Ｓ
敗小山伸28試合１勝２敗
本ラヘア13号①（小山伸）松田９号②（斎藤）

東北楽天は救援陣が打ち込まれ、逃げ切りに失敗した。２－１の七回、２番手小山伸がラヘアに同点ソロを浴び、３番手金刃は中村に勝ち越し二塁打を許した。八回は斎藤が松田に２ランを喫した。6回１失点の先発ダックワースは粘投が報われなかった。打線は四回に４連打で２点を奪ったが、計４併殺の拙攻が響いた。

ソフトバンクは連敗を３で止めた。7回２失点の帆足が６勝目。

7.24 vs. ソフトバンク　9－4

ソフトバンク－東北楽天13回戦（東北楽天７勝６敗）
◇北九州（18時）

岩崎二塁打得点ならず／ＭＪ適時打追い上げた／一気に逆転首位の底力

東北楽天	0	0	0	0	0	3	0	0	6	9
ソフトバンク	0	0	0	3	1	0	0	0	0	4

（20,851人）

先頭出すも切り抜ける／３ラン浴び川井は降板／さすが斎藤走者許さず

斎藤が2勝目

勝斎藤14試合２勝
敗五十嵐25試合１勝２敗１Ｓ
本長谷川10号③（川井）細川２号①（宮川）

東北楽天が逆転勝ちし、貯金を今季最多タイの13とした。３－４の九回、藤田、銀次の連打で無死一、三塁とし、ジョーンズの二ゴロが敵失を誘って同点。さらに１死二、三塁から枡田の２点打で勝ち越すと、続く島内の二塁打、聖沢の適時打などで計６点を挙げた。八回を抑えた斎藤が５月６日以来の２勝目。

ソフトバンクは３連敗で最下位転落。九回に五十嵐が打たれ逃げ切れなかった。４失策と守りも乱れた。

7.17 vs. オリックス　0－3

オリックス－東北楽天13回戦（東北楽天10勝３敗）
◇京セラドーム大阪（18時３分）

無死二三塁得点ならず／金子の前に走者出せず／11三振喫し完封される

東北楽天	0	0	0	0	0	0	0	0	0	0
オリックス	2	0	1	0	0	0	0	0	X	3

（10,743人）

川井打たれ苦しい展開／レイ無失点上々初登板／宮川が好投２三振奪う

川井3回3失点降板

勝金子16試合７勝５敗
敗川井４試合３勝１敗
本李大浩16号①（川井）

東北楽天はオリックス金子の前に散発３安打で完封負けを喫した。二回無死二、三塁の好機以外は、二塁を踏めなかった。先発川井は一回、長短３安打で２点を先取されると、三回は李大浩に16号ソロを浴び、この回で降板した。

オリックスの金子は11三振を奪い、今季２度目の完封。打線も川井の立ち上がりを突いて主導権を握り、連敗を３で止めた。

7.27 vs. ロッテ　8－1

東北楽天－ロッテ12回戦（東北楽天７勝５敗）
◇Ｋスタ宮城（18時）

守りにミス戸村が失点／１安打のみ快調な投球／ピンチ連続切り抜けた

ロッテ	1	0	0	0	0	0	0	0	0	1
東北楽天	0	5	0	0	0	1	0	2	X	8

（21,334人）

Ｍ砲が口火一気に逆転／島内適時打待望追加点／また打った島内４打点

戸村8回1失点4勝目

勝戸村９試合４勝１敗
敗ゴンザレス４試合２敗
本マギー19号①（ゴンザレス）

東北楽天は逆転勝ちでリーグ最速の50勝に到達。貯金を球団史上最多の14とした。０－１の二回、マギーの同点ソロ、嶋の勝ち越し打、島内の三塁打など５連続長短打などで一挙５点を奪った。六回に島内の適時打で加点、八回も島内の適時打などで２点を挙げた。先発戸村は８回１失点で約１カ月ぶりの白星を挙げ、自己最多の４勝目。

ロッテは３連敗。先発ゴンザレスが二回につかまった。

二回、マギーが19号ソロを打つ

八回無死、島内が中前適時打

7.26 vs. ロッテ　3－2

東北楽天－ロッテ11回戦（東北楽天６勝５敗）
◇Ｋスタ宮城（18時）

田中が被弾先制を許す／勝ち越し弾井口に喫す／90球完投で反撃を待つ

ロッテ	0	1	0	0	0	1	0	0	0	2
東北楽天	0	1	0	0	0	0	0	0	2x	3

（20,382人）

枡田が一発すぐに同点／１死一塁で後続が凡退／嶋が粘ってサヨナラ打

楽天サヨナラ勝ち

勝田中17試合14勝
敗益田45試合２勝４敗24Ｓ
本鈴木４号①（田中）枡田３号①（グライシンガー）井口19号①（田中）

東北楽天が九回に劇的な逆転サヨナラ勝ち。先発田中は開幕から14連勝をマークした。１－２のこの回、銀次の二塁打と四死球などで１死満塁とし、松井が押し出し四球を選んで同点。さらに嶋が中前に運んで勝負を決めた。先発田中は鈴木と井口にソロを浴びたが、２失点でしのいで完投した。

ロッテは抑えの益田がつかまり、逃げ切れなかった。

サヨナラ打の嶋と抱き合う田中

7.30 vs. 西武　9－4

東北楽天－西武13回戦（西武７勝６敗）
◇盛岡（18時）

先発の則本安打許さず／ヘルマンに同点弾喫す／救援小山伸３人で料理

西武	0	0	0	1	3	0	0	0	0	4
東北楽天	0	0	0	4	1	0	4	0	X	9

（15,043人）

１死満塁も後が続かず／島内３ラン菊池を攻略／連続長打で試合決める

貯金16 球団記録更新

勝則本18試合９勝６敗
敗岡本洋17試合３勝１敗
本秋山８号①（則本）島内６号③（菊池）ヘルマン１号②（則本）松井８号②（藤原）

東北楽天は打線が活発で４連勝。貯金を16とし球団記録をさらに更新した。０－１の四回に島内の３ランなどで４点を挙げ、４－４の五回は敵失で勝ち越し。七回には枡田の２点二塁打と松井の２ランで４点を加え、試合を決定づけた。先発則本は５回４失点で９勝目をマークした。

西武は先発菊池が４回４失点と振るわず、要所で守りも乱れた。

四回、島内の3ランが飛び出す

7.28 vs. ロッテ　5－4

東北楽天－ロッテ13回戦（東北楽天８勝５敗）
◇Ｋスタ宮城（17時５分）

美馬が不調リード許す／２番手宮川ピンチ脱す／青山とラズ無失点継投

ロッテ	1	0	3	0	0	0	0	0	0	4
東北楽天	0	0	0	0	3	0	1	1	X	5

（19,773人）

走者出せず糸口がなく／反撃開始だ逆転の予感／ＡＪ金字塔枡田決勝打

3夜連続 逆転勝ち

勝青山38試合２勝３敗９Ｓ
Ｓラズナー30試合１勝１敗13Ｓ
敗ロサ22試合１敗

東北楽天が３試合連続の逆転勝ちで貯金を15とした。０－４の五回に松井の二塁打、嶋の犠飛、島内の左前打で１点差まで追い上げ、七回にマギー、枡田の連続二塁打で同点。八回はジョーンズの安打と四球などで２死一、二塁とし、枡田の右越え二塁打で勝ち越した。青山が２勝目、ラズナーが13セーブ目。

ロッテは４連敗で３位に転落した。

八回、枡田の二塁打で勝ち越し

7.31 vs. 西武 2－2

東北楽天－西武14回戦（西武7勝6敗1分）

◇秋田（18時）

初先発辛島 連打で失点 / 安打許すも 後続を断つ

西　武	0	2	0	0	0	2
東北楽天	0	0	0	2	0	2

（12,759人）

好機に三振 頼むぜＪＭ / マギー豪快 同点２ラン

今季初登板 辛島しのぐ

５回裏終了降雨コールドゲーム引き分け

本マギー20号②（十亀）

東北楽天は五回終了後、降雨コールドゲームで西武と引き分けた。

今季初登板となった辛島は、二回に金子の適時打と炭谷のスクイズで２点を先制されたが、その後は二塁を踏ませぬ投球でしのいだ。

打線は０－２の四回、左前打のジョーンズを一塁に置き、マギーが左越えに同点の20号２ランを放った。

四回、マギーが同点2ラン

8.2 vs. 日本ハム 4－1

日本ハム－東北楽天12回戦（東北楽天７勝５敗）

◇札幌ドーム（18時３分）

１死二塁も 先制機逃す / ３安打集め 一挙に逆転 / 敵失絡めて ダメ押し点

東北楽天	0	0	0	0	0	2	0	0	2	4
日本ハム	0	1	0	0	0	0	0	0	0	1

（28,659人）

渋い安打で 先制点喫す / 安打許すも 点は許さず / 田中が堂々 開幕15連勝

楽天 逆転で5連勝

勝田中18試合15勝
敗ウルフ14試合４勝５敗

東北楽天が逆転勝ち、完投した田中が開幕からの連勝をプロ野球タイ記録となる15とした。チームは１分けを挟んで５連勝。田中は二回に大引の適時打で先制を許したが、三回以降は無失点でしのいで完投した。打線は０－１の六回、藤田、銀次の連続適時打で２点を挙げ逆転した。

日本ハムは打線が振るわず、好投の先発ウルフを援護できなかった。

開幕15連勝を遂げた先発・田中

8.3 vs. 日本ハム 3－0

日本ハム－東北楽天13回戦（東北楽天８勝５敗）

◇札幌ドーム（14時１分）

好機続くも 適時打なく / 敵失絡んで ついに先制 / 藤田２塁打 ダメ押しだ

東北楽天	0	0	0	0	0	1	0	0	2	3
日本ハム	0	0	0	0	0	0	0	0	0	0

（36,535人）

ダック粘投 得点許さず / 変化球使い 要所締める / ３人で継投 勝利つかむ

零封リレー 貯金18

勝ダックワース13試合５勝４敗
Ⓢラズナー31試合１勝１敗14Ｓ
敗河野12試合１敗

東北楽天が１分けを挟んだ連勝を今季最多タイの６に伸ばし、貯金を18とした。

０－０の六回、岩崎の内野安打に敵失が重なって１点を先制。九回には藤田の二塁打で２点を加えた。先発ダックワースは６回５安打無失点で５勝目。七回以降は救援陣が無得点に抑えた。

日本ハムは再三の得点機を生かせなかった。

8.4 vs. 日本ハム 14－4

日本ハム－東北楽天14回戦（東北楽天９勝５敗）

◇札幌ドーム（13時）

やられたら "倍返し"だ / 二塁打７本 記録的猛攻 / 止まらない 23安打目！

東北楽天	0	1	1	1	7	2	2	0	0	14
日本ハム	1	0	0	2	1	0	0	0	0	4

（27,592人）

戸村制球難 先制される / 調子戻らず 振り出しに / 救援の宮川 役目果たす

２番手宮川 プロ初勝利

勝宮川９試合１勝
敗吉川17試合６勝９敗
本アブレイユ23号①（宮川）

東北楽天はプロ野球タイ記録の11二塁打を含む球団最多の23安打で大勝。球団記録に並ぶ７連勝で貯金を19とした。打線は五回、銀次、ジョーンズ、マギー、枡田の４連続二塁打など、プロ野球記録となる１イニング７二塁打で一挙７点を奪い、勝ち越した。

先発戸村は４回３失点。２番手宮川が３回１失点でプロ初勝利。

8.7 vs. オリックス 1－2

東北楽天－オリックス14回戦（東北楽天10勝４敗）

◇Ｋスタ宮城（18時）

２死一二塁 美馬しのぐ / 走者出すも 併殺に取る / 勝負どころ 救援粘れず

オリックス	0	0	0	0	0	0	0	1	1	2
東北楽天	0	0	0	0	0	0	0	0	1	1

（19,255人）

金子の前に 得点奪えず / 満塁の好機 M砲併殺打 / 島内適時打 零敗は阻止

救援陣踏ん張れず

勝金子19試合９勝６敗
Ⓢ平野佳42試合１勝４敗22Ｓ
敗青山41試合２勝４敗９Ｓ

東北楽天は好投の先発美馬を援護できず、１分けを挟んだ連勝が７で止まった。０－０の八回、２番手青山が安達に適時二塁打を浴び、先制点を献上。九回には小山伸が駿太に適時打を許し、さらに１点を失った。打線はオリックスの先発金子の前に七回まで散発２安打。八回以降は継投にかわされた。先発美馬は７回無失点と粘ったが、報われなかった。

オリックスの金子は７回無失点で９勝目。

六回、投ゴロに飛びつく美馬

8.8 vs. オリックス 5－2

東北楽天－オリックス15回戦（東北楽天11勝４敗）

◇Ｋスタ宮城（18時）

則本上々の 立ち上がり / 制球に乱れ 悔しい失点 / ぴしゃりと ラズが締め

オリックス	0	0	0	0	0	2	0	0	0	2
東北楽天	4	1	0	0	0	0	0	0	X	5

（16,094人）

連続満塁機 ＡＪ生かす / 満塁３度目 ＡＪは凡退 / 淡泊な攻め 追加点なし

楽天 1回に4点

勝則本19試合10勝６敗
Ⓢラズナー32試合１勝１敗15Ｓ
敗マエストリ11試合４勝３敗

東北楽天が快勝した。先発則本は７回２失点の好投で、リーグ新人トップとなる10勝目をマークした。打線は一回無死満塁からジョーンズ、マギーの連続適時打などで一挙４点を先取。二回にもジョーンズの適時打で１点を加えリードを広げた。

オリックスは、先発マエストリが立ち上がりにつかまったのが誤算だった。

一回、ジョーンズが先制打を放つ

8.9 vs. ソフトバンク 5－0

東北楽天－ソフトバンク15回戦（東北楽天８勝７敗）
◇Ｋスタ宮城（18時）

先頭二塁打生還許さず／走者出すも後続を断つ／斎藤が締め田中大記録

ソフトバンク	0	0	0	0	0	0	0	0	0	0
東北楽天	0	0	0	0	2	3	0	0	X	5

（21,320人）
１死一三塁ＡＪ併殺打／着々と援護帆足をＫＯ／２死二塁も追加点なく

楽天 初の貯金20

勝田中19試合16勝
敗帆足16試合７勝５敗

東北楽天は先発田中が開幕16連勝を飾った。一回無死二塁のピンチをしのぐと波に乗り、二～五回は無安打。六、七回は得点圏に走者を置いたが得点を許さず、七回まで４安打無失点で乗り切った。打線は五回に枡田の二塁打と嶋の右前打で２点を先行。六回も枡田の犠飛と松井の適時打などで３点を加えた。貯金は球団初の20に達した。

ソフトバンクは投打ともに精彩を欠き３連敗。

記念ボードを掲げて喜ぶ田中

8.10 vs. ソフトバンク 3－8

東北楽天－ソフトバンク16回戦（８勝８敗）
◇Ｋスタ宮城（18時１分）

２ラン被弾先制を許す／４発浴びて突き放され／宮川が奮起得点許さず

ソフトバンク	2	0	0	4	2	0	0	0	0	8
東北楽天	1	0	0	0	1	0	0	1	0	3

（21,427人）
失策が絡み１点返した／枡田適時打追いすがる／枡田今度は左翼へソロ

先発辛島 5失点

勝摂津17試合12勝４敗
敗辛島２試合１敗
本内川14号②（辛島）松田14号①（辛島）15号①（宮川）細川３号③（宮川）長谷川12号①（宮川）枡田４号①（千賀）

東北楽天はソフトバンクの一発攻勢に屈した。先発辛島は一回、内川に先制２ランを浴びると、四回は松田にソロを許した。この回途中から救援した宮川は細川に３ランを喫し、五回は松田と長谷川に連続ソロを打たれ突き放された。打線は枡田が八回のソロを含む２打点と気を吐いた。

ソフトバンクの摂津は６四球と制球に苦しみながら、５回２失点でリーグ２位の12勝目。

四回、うつむく2番手・宮川

8.11 vs. ソフトバンク 10－6

東北楽天－ソフトバンク17回戦（東北楽天９勝８敗、17時、Ｋスタ宮城、21,465人）

ソフトバンク	032	000	010	6
東北楽天	510	000	31×	10

斎藤2回無失点、3勝目

勝斎藤19試合３勝
敗岩崎40試合１勝４敗２Ｓ
本江川８号①（ダックワース）
ラヘア15号②（ダックワース）
内川15号①（青山）

東北楽天は打撃戦を制し、貯金を再び20とした。一回に銀次、ジョーンズの連続適時打、枡田の２点二塁打など５安打を集中し５点を先取。６－５の七回には枡田の２点二塁打と松井の適時三塁打で計３点を挙げ、突き放した。先発ダックワースは三回途中５失点で降板したが、その後は継投で逃げ切った。四回から登板した３番手斎藤が２回無失点で３勝目。

ソフトバンクは先発岩崎が１回５失点と誤算。14残塁と攻めも荒かった。

七回、枡田が中越えの2点適時打

8.13 vs. ロッテ 0－3

ロッテ－東北楽天14回戦（東北楽天８勝６敗）
◇QVCマリンフィールド（18時15分）

満塁先制機併殺で失う／１死二三塁後が続かず／継投３人にかわされる

東北楽天	0	0	0	0	0	0	0	0	0	0
ロッテ	0	0	0	0	2	0	0	1	X	3

（22,664人）
走者出すも戸村しのぐ／制球に甘さついに降板／守りにミス痛い追加点

楽天 零封負け

勝古谷８試合５勝１敗
Ｓ内９試合１勝１Ｓ
敗戸村11試合４勝２敗

東北楽天は零封負け。ロッテ戦の連勝は５で止まった。先発戸村は五回に３長短打を浴びるなどして途中降板、２失点で２敗目を喫した。八回には失策で１点を追加された。打線は二回１死満塁、五回１死二、三塁の好機を生かせなかった。六回以降は１安打に抑えられた。

ロッテは２連勝。先発古谷が７回無失点の好投で自己最多の５勝目を挙げた。

8.14 vs. ロッテ 5－6

ロッテ－東北楽天15回戦（東北楽天８勝７敗）
◇QVCマリンフィールド（18時15分）

先制パンチ主導権握る／岡島が巧打追加点奪う／２死一三塁攻め切れず／走者出せず糸口がなく

東北楽天	4	0	0	1	0	0	0	0	0	0	0	5
ロッテ	1	0	0	0	3	0	0	1	0	0	1x	6

（22,861人）延長11回
２長短打で１点返され／立ち直れず美馬が降板／青山が痛恨同点打喫す／小山伸被弾サヨナラ●

先発美馬 4失点

勝松永49試合２勝１敗１Ｓ
敗小山伸35試合１勝３敗
本枡田５号②（グライシンガー）ブラゼル７号①（美馬）里崎１号①（小山伸）

東北楽天は延長戦の末にサヨナラ負け。後半戦初の２連敗を喫した。５－５の十一回、６番手小山伸が先頭里崎に右越えソロを浴びた。打線は一回、枡田の５号２ランなどで一挙４点を先取。四回は岡島の適時打で加点した。だが先発美馬が４失点し１点差に追い上げられ、八回に青山が打たれて追い付かれた。

ロッテは３連勝。里崎は今季１号が決勝弾となった。松永が２勝目。

8.15 vs. ロッテ 3－1

ロッテ－東北楽天16回戦（東北楽天９勝７敗）
◇QVCマリンフィールド（18時15分）

放った安打計１本だけ／島内中前へ先制２点打／１死二塁も加点できず

東北楽天	0	0	0	0	2	1	0	0	0	3
ロッテ	0	0	0	0	0	0	1	0	0	1

（22,243人）
気迫の則本投球隙なし／１死二塁のピンチ脱す／１死一三塁犠飛で失点

楽天3連敗阻止

勝則本20試合11勝６敗
Ｓラズナー34試合１勝１敗16Ｓ
敗渡辺５試合３敗
本ジョーンズ18号①（渡辺）

東北楽天は競り勝ち、同一カード３連敗を阻止した。先発則本は立ち上がりからテンポ良く投げ、７回１失点で11勝目。八回からは長谷部、ラズナーの継投で逃げ切った。ラズナーは16セーブ目。打線は五回、島内の適時打で２点を先行。六回はジョーンズの18号ソロで１点を加えた。

ロッテは打線が３安打と振るわず、守備でも痛いミスが出るなど精彩を欠き、４連勝を逃した。

8.16 vs. 西武 3－1

西武－東北楽天15回戦（7勝7敗1分）
◇西武ドーム（18時1分）

2死満塁で決定打欠く／頼りのM砲先制二塁打／銀次がソロ松井が犠飛

東北楽天	0	0	0	0	0	1	0	2	0	3
西　　武	0	0	0	0	0	1	0	0	0	1

（29,846人）
連打許すが後続を断つ／適時打喫し振り出しに／ラズが締め田中21連勝

開幕連勝は「17」

勝田中20試合17勝
Sラズナー35試合1勝1敗17S
敗野上19試合8勝3敗
本銀次4号①（野上）

東北楽天は先発田中が21連勝のプロ野球新記録を達成した。自身が持つ開幕連勝記録は17に更新。1－0の六回2死二塁から浅村に同点打を許したが、8回1失点でしのいだ。打線は六回にマギーの適時二塁打で先制し、1－1の八回は銀次のソロ、松井の右犠飛で勝ち越した。チームの貯金は再び20となった。

西武は4連敗。一回無死二、三塁の先制機を逸したのが痛かった。

八回、銀次が勝ち越しのソロ

8.17 vs. 西武 2－3

西武－東北楽天16回戦（西武8勝7敗1分）
◇西武ドーム（17時）

先頭四球も後が続かず／3長短打で1点を返す／起死回生の枡田同点弾

東北楽天	0	0	0	0	1	0	0	0	1	2
西　　武	2	0	0	0	0	0	0	0	1x	3

（27,382人）
制球に甘さ先制される／松井ら好守辛島助ける／継投が失敗痛恨の負け

連勝2でストップ

勝サファテ36試合5勝5S
敗小山伸36試合1勝4敗
本枡田6号①（サファテ）

東北楽天がサヨナラ負けを喫し、連勝は2でストップした。2－2の九回、3番手小山伸が2死一、二塁のピンチを招いて降板。4番手金刃が代打大崎に決勝の右前適時打を浴びた。先発辛島は七回途中2失点。打線は1点を追う九回2死から枡田が起死回生の同点ソロを放つなど粘りを見せたが、救援陣が踏ん張れなかった。

西武は連敗を4で止めた。

8.18 vs. 西武 11－12

西武－東北楽天17回戦（西武9勝7敗1分）
◇西武ドーム（17時1分）

いいぞ銀次2点打放つ／諦めないぞ小刻み加点／松井とM砲3ラン競演

東北楽天	2	0	1	1	0	1	3	3	0	11
西　　武	0	6	1	1	0	0	0	0	4x	12

（21,689人）
ダック痛恨満塁弾喫す／今度は菊池ソロ浴びる／悪夢4失点サヨナラ●

打線の粘り及ばず

勝増田26試合2勝2敗
敗ラズナー36試合1勝2敗17S
本ヘルマン2号④（ダックワース）浅村22号①（菊池）松井9号③（岡本洋）マギー21号③（ウィリアムス）

東北楽天は打線の粘りも及ばず、2試合連続のサヨナラ負け。11－8の九回、6番手ラズナーが3安打で無死満塁のピンチを招き、押し出し四球とヘルマンの適時打で1点差。なお2死二、三塁から栗山に決勝の右前2点打を浴びた。5－8の七回に松井の3ランで追い付き、八回はマギーの3ランで勝ち越したが、リードを守れなかった。

西武は先発の岸が踏ん張れず救援も崩れた試合を、土壇場でひっくり返した。

8.20 vs. 日本ハム 5－9

東北楽天－日本ハム15回戦（東北楽天9勝6敗）
◇荘内銀行・日新製薬スタジアム（18時）

2発目被弾戸村が降板／ああ救援陣抑え切れず／1死三塁で犠飛を許す

日本ハム	0	1	3	2	0	1	0	1	1	9
東北楽天	2	1	2	0	0	0	0	0	0	5

（13,407人）
打たれてもすぐに逆転／3連続四球得点できず／2死一二塁反撃機逸す

4月以来の3連敗

勝谷元21試合5勝4敗1S
敗上園4試合3敗
本中田28号①（戸村）アブレイユ26号②（戸村）

東北楽天はシーソーゲームを落とし、4月以来の3連敗を喫した。3－4の三回、松井と聖沢の適時打で逆転したが、四回に3番手片山が代打二岡に2点適時打を浴び、試合をひっくり返された。以降、救援陣が失点を重ね、打線も小刻みな継投にかわされた。

日本ハムは東北楽天戦の連敗を4で止めた。中軸の中田、アブレイユが本塁打を放ち、攻撃を引っ張った。

三回、本塁打を浴びる先発・戸村

8.21 vs. 日本ハム 3－5

東北楽天－日本ハム16回戦（東北楽天9勝7敗）
◇Kスタ宮城（18時）

美馬が乱調先制される／2番手レイさえる投球／4連打浴び痛い2失点

日本ハム	0	3	0	0	0	0	0	2	0	5
東北楽天	0	0	0	0	0	1	0	0	2	3

（19,127人）
岡島出塁も得点できず／マギー犠飛1点を返す／2点奪うが勝ち星遠く

楽天4連敗喫す

勝武田勝17試合7勝5敗
S武田久33試合2勝2敗20S
敗美馬12試合4勝4敗

東北楽天は今季2度目の4連敗を喫した。先発美馬は二回、陽岱鋼、アブレイユに適時打などで3失点。2番手レイは負傷の美馬に代わり四回途中から登板、4回無安打無失点と力投した。打線は六回、マギーの右犠飛で1点、九回にも枡田の適時打などで2点を返したが及ばなかった。

日本ハムは先発武田勝が変化球を低めに集め、7回1失点で7勝目。武田久は20セーブ目を挙げた。八回に4連打で2点を加えて突き放した。

八回、適時打を許した片山

8.22 vs. 日本ハム 2－5

東北楽天－日本ハム17回戦（東北楽天9勝8敗）
◇Kスタ宮城（18時）

早々5失点則本に試練／満塁の危機何とか脱す／2番手上園粘投無失点

日本ハム	5	0	0	0	0	0	0	0	0	5
東北楽天	0	0	0	1	0	0	0	0	1	2

（18,901人）
満塁の好機得点できず／マギー巧打1点返した／AJ4安打意地見せた

3度満塁の好機逸す

勝ウルフ17試合5勝5敗
敗則本21試合11勝7敗
本赤田1号③（則本）

東北楽天は今季2度目の同一カード3連敗で、初の5連敗を喫した。先発則本は6回5失点で7敗目。一回、赤田の1号3ランなど4長短打で一挙5点を先取された。打線は四、九回に1点ずつを返しただけ。二、六、八回と3度の満塁の好機を逸したのが痛かった。

日本ハムは3連勝。先発ウルフが5勝目を挙げた。

一回、マウンドで汗をぬぐう則本

8.24 vs. ロッテ　7－5

東北楽天－ロッテ18回戦（東北楽天11勝７敗）

◇Ｋスタ宮城（18時）

崩れた先発満塁弾喫す
辛島粘った５回４失点
４投手力投反撃１点に

ロッテ	4	0	0	0	0	0	0	0	1	5
東北楽天	1	0	2	1	2	1	0	0	X	7

（21,372人）

打線が奮起追い上げる
頼れる枡田２点二塁打
好機築くが決定打欠く

辛島 今季初勝利

勝辛島４試合１勝１敗
Ｓ斎藤23試合３勝１Ｓ
敗服部32試合１勝１敗
本Ｇ・Ｇ・佐藤１号④（辛島）

東北楽天が４点差をはね返して逆転勝ちした。徐々に追い上げ、４－４の五回、１死一、二塁から枡田が勝ち越しの２点二塁打を放った。先発辛島は一回に満塁本塁打を喫したが、二回以降は立ち直り５回４失点で今季初白星。六回以降は５投手で１失点、斎藤が日本球界復帰後初で11年ぶりのセーブを挙げた。

ロッテは投手陣が踏ん張れなかった。

五回、枡田が2点適時打

8.23 vs. ロッテ　5－0

東北楽天－ロッテ17回戦（東北楽天10勝７敗）

◇Ｋスタ宮城（18時）

２死満塁も田中動じず
ピンチ脱し田中ほえる
不沈艦田中開幕18連勝

ロッテ	0	0	0	0	0	0	0	0	0	0
東北楽天	0	0	0	0	1	3	1	0	X	5

（20,766人）

打線音なし走者もなし
枡田好走塁島内が犠飛
ＡＪ左前にダメ押し打

島内の犠飛で先制

勝田中21試合18勝
敗西野19試合９勝４敗

東北楽天は先発田中が７回無失点で開幕からの連勝を18に伸ばした。チームの連敗は５で止まった。田中は最速156㌔の速球と切れのある変化球でロッテ打線を封じた。打線は五回に島内の犠飛で１点を先制。六回にもマギーと枡田の連続適時打で３点を加え、突き放した。

ロッテは一回２死満塁、六回２死二、三塁などの好機に一打を欠いた。

六回、ガッツポーズの先発・田中

8.27 vs. オリックス　0－4

オリックス－東北楽天16回戦（東北楽天11勝５敗）

◇京セラドーム大阪（18時１分）

２死一三塁マギー三振
２死満塁の好機実らず
安打は１本粘りはなし

東北楽天	0	0	0	0	0	0	0	0	0	0
オリックス	0	0	0	1	1	0	2	0	X	4

（12,921人）

無死一塁も後を抑える
失策が起点先制を許す
２番手宮川連打浴びる

連勝「3」で止まる

勝松葉11試合４勝４敗
敗ハウザー16試合１勝１敗

東北楽天は零封負けで連勝が３で止まった。来日２年目で初先発のハウザーは5回２失点（自責１）とまずまずの内容だったが、打線の援護がなく今季初黒星。２番手宮川は七回に３連打で２点を失った。打線はわずか３安打。四回２死満塁の先制機を逸したのが痛かった。

オリックスは先発松葉が７回無失点の好投で、５月22日以来の４勝目を挙げた。

四回、岡島が先制の好機を逃す

8.25 vs. ロッテ　6－5

東北楽天－ロッテ19回戦（東北楽天12勝７敗）

◇Ｋスタ宮城（17時）

初先発レイ１発浴びる
犠飛などで追加点許す
同点直後に長谷部被弾

ロッテ	0	1	0	1	2	0	0	1	0	5
東北楽天	0	0	0	0	0	0	4	0	2x	6

（20,263人）

連打放つも得点できず
３人ずつで攻撃終わる
榎本が殊勲サヨナラ打

長谷部 今季初勝利

勝長谷部９試合１勝
敗益田56試合２勝５敗28Ｓ
本ブラゼル９号①（レイ）枡田７号②（グライシンガー）荻野貴４号①（長谷部）

東北楽天が逆転サヨナラ勝ちで３連勝。０－４の七回に益田の２ランと島内の適時打などで同点。八回に勝ち越されたが、九回に岡島の適時打で追い付き、榎本の適時二塁打で勝負を決めた。八回から登板した長谷部が今季初勝利。ソフトバンクが西武に勝ったため、優勝マジックは点灯しなかった。

ロッテは３連敗。九回の守りのミスが響いた。

九回、榎本がサヨナラ二塁打

8.29 vs. オリックス　4－2

オリックス－東北楽天18回戦（東北楽天13勝５敗）

◇ほっともっとフィールド神戸（18時１分）

ＡＪ先制打Ｍ砲２ラン
１死一二塁決定打出ず
ＡＪ適時打貴重な加点

東北楽天	3	0	0	0	0	0	0	1	0	4
オリックス	0	0	0	0	0	2	0	0	0	2

（22,293人）

窮地を抑え則本無失点
失投狙われ２ラン許す
継投で０点マジック26

楽天連勝 M26

勝則本22試合12勝７敗
Ｓ青山49試合２勝４敗10Ｓ
敗西22試合７勝７敗
本マギー22号②（西）李大浩21号②（則本）

東北楽天は競り勝ち２連勝。２位ロッテが敗れ優勝へのマジックは26に減った。先発則本は六回に李大浩に２ランを浴びたが、７回10奪三振の力投で球団の新人記録となる12勝目を挙げた。九回は青山が締め10セーブ目。打線は一回、ジョーンズの適時打、マギーの22号２ランで計３点を先取。八回はジョーンズの適時打で１点を加えた。

オリックスは２連敗で借金が今季最多の10。

12勝目を挙げた先発・則本

8.28 vs. オリックス　2－1

オリックス－東北楽天17回戦（東北楽天12勝５敗）

◇京セラドーム大阪（18時１分）

快音はなく１四球だけ
初の安打が同点ＡＪ弾
１死一二塁加点はなし

東北楽天	0	0	0	1	0	1	0	0	0	2
オリックス	0	0	1	0	0	0	0	0	0	1

（13,687人）

長打と犠飛先制される
懸命の投球美馬しのぐ
抑えは斎藤締めて笑顔

美馬 しのいで5勝目

勝美馬13試合５勝４敗
Ｓ斎藤24試合３勝２Ｓ
敗金子22試合10勝８敗
本ジョーンズ19号①（金子）

東北楽天がオリックスに逆転勝ち。ソフトバンクがロッテに敗れたため、球団初の優勝マジックナンバー「28」が点灯した。０－１の四回、ジョーンズの19号ソロで追い付くと、六回に銀次の適時打で勝ち越した。先発美馬は６回４安打１失点で５勝目。七回以降は３投手の継投で逃げ切った。

オリックスは一回１死満塁で得点できなかったのが響いた。

六回、銀次が勝ち越し打を放つ

8.30 vs. ソフトバンク 11－6

ソフトバンク－東北楽天18回戦（東北楽天10勝８敗）
◇ヤフオクドーム（18時１分）

元天敵帆足早々と攻略 / ＡＪ適時打久々に加点 / ミス突いてさらに２点

東北楽天	3	4	0	0	0	2	2	0	0	11
ソフトバンク	0	0	0	0	0	2	1	3	0	6

（36,218人）

走者出ても田中動ぜず / 制球に乱れ２点を許す / 継投に課題長打浴びる

楽天、乱打戦制す

勝田中22試合19勝
敗帆足18試合７勝７敗
本内川16号①（小山伸）

東北楽天は乱打戦を制し３連勝。優勝へのマジックを「25」とした。先発田中は７回３失点で開幕からの連勝を19に伸ばした。打線は一回にジョーンズの先制打を含む４長短打などで３点を先取。二回は二つの押し出し四球と松井の２点適時打で４点を加えた。六、七回にも２点ずつ奪った。
ソフトバンクは先発帆足が二回途中７失点と崩れたのが誤算だった。

連勝を19に伸ばした先発・田中

8.31 vs. ソフトバンク 2－9

ソフトバンク－東北楽天19回戦（東北楽天10勝９敗）
◇ヤフオクドーム（14時１分）

岡島初球を先頭打者弾 / 摂津の前に走者出せず / 中軸３連打追加点奪う

東北楽天	1	0	0	0	0	0	1	0	0	2
ソフトバンク	0	0	1	1	0	6	0	1	X	9

（36,782人）

四球契機に同点打許す / ああ６失点厳しい展開 / 救援粘れずダメ押され

楽天の連勝止まる

勝摂津20試合14勝５敗
敗辛島５試合１勝２敗
本岡島１号①（摂津）

東北楽天は投打とも振るわず、連勝が３で止まった。優勝へのマジックは「25」のまま。先発辛島は六回途中５失点。四球で走者を出してから崩れた。六回は辛島を含め３投手が打ち込まれ、一挙６点を失った。打線は岡島の先頭打者本塁打で先制したが、二～六回は沈黙。１－８の七回に１点を返すのがやっとだった。ソフトバンクの先発摂津には昨季から９連敗。
摂津は７回２失点で14勝目を挙げた。

9.1 vs. ソフトバンク 0－4

ソフトバンク－東北楽天20回戦（10勝10敗）
◇ヤフオクドーム（13時）

初対戦左腕安打が出ず / 無死満塁で３連続三振 / 再び満塁もＡＪが三振

東北楽天	0	0	0	0	0	0	0	0	0	0
ソフトバンク	1	0	3	0	0	0	0	0	X	4

（36,464人）

先頭打者に本塁打喫す / ２番手福山好投無失点 / ２死一二塁宮川しのぐ

ダック不調 4失点

勝オセゲラ１試合１勝
敗ダックワース16試合５勝５敗
本中村３号①（ダックワース）

東北楽天は先発ダックワースが不調、打線も再三の好機を生かせず零敗を喫した。優勝へのマジックナンバーが消滅し、２位ロッテとの差は3.5に縮まった。ダックワースは３回４失点。一回に中村に先頭打者本塁打を許すと、三回は中軸に３連続長短打を浴び３点を失った。打線は六、七回の満塁機を逃すなど計13残塁の拙攻だった。
ソフトバンクは２連勝。来日初登板の先発オセゲラは六回途中無失点の好投で初勝利。

9.3 vs. 西武 4－3

東北楽天－西武18回戦（西武９勝８敗１分）
◇Ｋスタ宮城（18時４分）

失策絡んで３点を許す / １死二塁を切り抜ける / ２人目金刃移籍後初○

西　武	0	3	0	0	0	0	0	0	0	3
東北楽天	0	0	0	0	1	0	0	3	X	4

（18,541人）

１安打のみ打線は沈黙 / ＡＪソロも後が続かず / 名誉挽回だM砲さく裂

楽天 連敗止める

勝金刃28試合１勝
Ｓ斎藤25試合３勝３Ｓ
敗涌井28試合５勝７敗１Ｓ
本ジョーンズ20号①（岸）マギー23号③（涌井）

東北楽天が逆転勝ちし、連敗を２で止めた。打線は西武の先発岸の前に七回までジョーンズのソロ本塁打による１点に抑えられていたが、１－３の八回２死一、三塁からマギーが左越えの逆転３ランを放った。２番手金刃が移籍後初勝利。斎藤が３セーブ目。
西武は岸が八回途中まで好投していたが、リリーフした涌井が手痛い一発を浴びた。

八回、マギーが逆転の3ラン

9.4 vs. 西武 0－0

東北楽天－西武19回戦（西武９勝８敗２分）
◇Ｋスタ宮城（18時）

無死二塁も後続を断つ / 走者許すも点は許さず / 遊ゴロ併殺ピンチ脱す / 救援３投手踏ん張った

西　武	0	0	0	0	0	0	0	0	0	0	0	0	0
東北楽天	0	0	0	0	0	0	0	0	0	0	0	0	0

（13,710人）
延長12回

無死一二塁適時打出ず / 好機が続くもう一息だ / ２死二三塁阿部は凡退 / 最後の打者銀次も三振

楽天 今季２度目引き分け

東北楽天は延長十二回の末、今季２度目の引き分け。
打線は西武の先発十亀に八回まで散発２安打に抑えられ、九回２死二、三塁のサヨナラ機にも一打が出なかった。先発美馬は八回まで無失点と好投したが、勝敗はつかなかった。
西武は７安打を放ちながら無得点。三回無死二塁の先制機などを生かせなかった。

八回まで好投した先発・美馬

9.6 vs. 日本ハム 3－2

東北楽天－日本ハム18回戦（東北楽天10勝８敗）
◇Ｋスタ宮城（18時１分）

甘い変化球一発に至る / 長短打許し痛い失点！ / ２死三塁も最後は三振

日本ハム	0	1	0	1	0	0	0	0	0	2
東北楽天	0	0	0	0	2	1	0	0	X	3

（22,316人）

１死一二塁得点ならず / 勝ち越し弾松井が放つ / 快音はなし加点できず

松井 殊勲の一発

勝田中23試合20勝
敗矢貫49試合２勝２敗
本アブレイユ28号①（田中）松井10号①（矢貫）

東北楽天の田中が開幕20連勝を達成した。二回にアブレイユに先制ソロを浴び、四回にも１点を失ったが、以降は立ち直り、２失点完投勝利。打線は０－２の五回、１死二、三塁から藤田の２点適時打で同点に追い付くと、六回に松井のソロで勝ち越しに成功した。チームの優勝マジックナンバーは「20」に減った。
日本ハムの先発大谷は５回を２失点。２番手矢貫が手痛い一発を浴びた。

五回、藤田の2点適時打で同点

9.7 vs. 日本ハム 7－5

東北楽天－日本ハム19回戦（東北楽天11勝８敗）
◇Ｋスタ宮城（14時１分）

いいぞ辛島 １安打投球 ／ ３安打浴び 反撃食らう ／ ３ラン被弾 詰め寄られ

日本ハム	0	0	0	0	2	0	3	0	0	5
東北楽天	1	2	4	0	0	0	0	0	X	7

（20,833人）

毎回得点だ 大量リード ／ 24歳誕生日 岡島猛打賞 ／ 継投の前に 追加点なく

楽天、貯金最多21

[勝]辛島６試合２勝２敗
[S]斎藤26試合３勝４Ｓ
[敗]ケッペル７試合２勝４敗
[本]マギー24号②（ケッペル）鶴岡２号③（辛島）

東北楽天が序盤のリードで逃げ切り、貯金を球団最多の21とした。優勝へのマジックナンバーは「19」。打線は先発全員の13安打。一回に敵失で先制し、二回は嶋の適時打などで２点。三回はマギーの２ランと島内、岡島の連続適時打で４点を加えた。先発辛島は七回途中５失点で２勝目。長谷部、斎藤の救援陣が追加点を許さなかった。斎藤は４セーブ目。

日本ハムは鶴岡の３ランなどで追い上げたが及ばなかった。

三回、岡島が中前適時打

9.8 vs. 日本ハム 3－1

東北楽天－日本ハム20回戦（東北楽天12勝８敗、13時44分、Ｋスタ宮城、20,429人）

日本ハム　000 000 010｜1
東北楽天　010 001 01×｜3

雨も味方、則本13勝

[勝]則本23試合13勝７敗
[S]青山51試合２勝４敗11S
[敗]吉川22試合７勝12敗
[本]ジョーンズ21号①（吉川）
佐藤２号①（則本）　嶋４号①（吉川）

東北楽天が日本ハムに競り勝ち４連勝。リーグ一番乗りで70勝目に到達した。

先発則本は八回途中１失点の好投で、両リーグの新人トップタイとなる13勝目を挙げた。打線は二回にジョーンズのソロで先制し、六回にも１点を追加。八回には嶋の貴重なソロでリードを広げた。

日本ハムは先発吉川を援護できなかった。

13勝目を挙げた先発・則本

9.10 vs. ロッテ 2－9

ロッテ－東北楽天20回戦（東北楽天12勝８敗）
◇QVCマリンフィールド（18時15分）

藤田が犠飛 １点を返す ／ 淡泊な攻め 遠いホーム ／ ＡＪ豪快弾 意地見せた

東北楽天	0	0	1	0	0	0	0	0	1	2
ロッテ	1	3	0	0	0	0	5	0	X	9

（13,922人）

被弾の直後 レイに悲劇 ／ ２番手福山 調子を戻す ／ 小山伸乱調 点差広がる

楽天 連勝ストップ

[勝]唐川23試合９勝９敗
[敗]レイ５試合１敗
[本]サブロー２号①（レイ）細谷１号②（福山）根元８号④（小山伸）ジョーンズ22号①（ロサ）

東北楽天は投手陣が崩れ１分けを挟んだ連勝が４で止まった。優勝のマジックは「18」のまま。先発レイは二回、サブローに２号ソロを浴びた後、鈴木の打球を顔面に受け途中降板。３失点で今季初黒星。２番手福山、３番手小山伸もそれぞれ本塁打を許した。打線は三回、藤田の犠飛で１点を返し、九回にはジョーンズがソロを放ったが及ばなかった。

ロッテは３連勝。先発唐川は７回１失点で９勝目。

9.11 vs. ロッテ 7－0

ロッテ－東北楽天21回戦（東北楽天13勝８敗）
◇QVCマリンフィールド（18時15分）

ＡＪマギー ３ラン競演 ／ 連打浴びせ 大谷をＫＯ ／ 攻撃一服？ 追加点なし

東北楽天	3	0	3	1	0	0	0	0	0	7
ロッテ	0	0	0	0	0	0	0	0	0	0

（12,624人）

走者出すが 美馬崩れず ／ 守りのミス 乗り切った ／ 久々の登板 釜田締めた

美馬力投６勝目

[勝]美馬15試合６勝４敗
[敗]大谷12試合２勝４敗
[本]ジョーンズ23号③（大谷）マギー25号③（大谷）

東北楽天がロッテに大勝した。先発美馬は７安打を浴びながらも７回無失点で６勝目をマークした。打線は一回、岡島と藤田の連打などで１死二、三塁とし、ジョーンズの３ランで先制。三回には２死一、二塁からマギーが追撃の３ランを放った。四回にも藤田の適時打で１点を加えた。

ロッテは先発大谷が誤算。連勝は３で止まった。

9.12 vs. ロッテ 6－2

ロッテ－東北楽天22回戦（東北楽天14勝８敗）
◇QVCマリンフィールド（18時15分）

ＡＪ併殺打 好機を逃す ／ ５安打集め 一挙に４点 ／ マギー安打 ダメ押し打

東北楽天	0	0	0	0	0	4	0	0	2	6
ロッテ	0	0	0	1	0	0	1	0	0	2

（12,898人）

左翼手島内 魅せる好捕 ／ ２死二塁で 先制点許す ／ 長谷部好投 プロ初Ｓだ

救援の釜田 今季初勝利

[勝]釜田５試合１勝２敗
[S]長谷部15試合１勝１Ｓ
[敗]グライシンガー13試合５勝４敗
[本]細谷２号①（青山）

東北楽天は逆転勝ちで２連勝。優勝へのマジックを「13」とした。打線は六回、１死満塁から松井が同点適時打、嶋の遊ゴロに敵失が絡んで２点を勝ち越した後、岡島にも適時打が出た。九回にも２点を加えた。先発ハウザーは五回２死三塁で降板。救援した釜田が今季初勝利。長谷部がプロ初セーブ。

ロッテは先発グライシンガーが六回に崩れ４敗目。

9.13 vs. オリックス 6－2

東北楽天－オリックス19回戦（東北楽天14勝５敗）
◇Ｋスタ宮城（18時）

安打許すも 後続を断つ ／ １死二塁も 軽くいなす ／ 田中完投で 21連勝飾る

オリックス	0	0	0	0	0	0	1	0	1	2
東北楽天	0	0	0	0	2	3	1	0	X	6

（21,534人）

バント失敗 好機を逃す ／ ３安打集め ２点を先制 ／ 聖沢適時打 ダメを押す

楽天快勝 M12

[勝]田中24試合21勝
[敗]八木３試合２敗
[本]松井11号③（八木）

東北楽天は先発田中が２失点で完投勝利を挙げ、同一シーズン21連勝のプロ野球新記録を達成した。優勝へのマジックナンバーは「12」となった。打線は、五回１死二塁から島内の右前適時打で先制し、続く岡島の内野安打が敵失を誘って２点目。さらに六回、松井が３ランを放って試合の大勢を決めた。

オリックスは投打がかみ合わず４連敗。

開幕21連勝を達成した田中

9.14 vs. オリックス 1－2

東北楽天－オリックス20回戦（東北楽天14勝６敗）
◇Ｋスタ宮城（14時）

１安打のみ 序盤は上々 ／ 辛島崩れた 逆転を許す ／ 釜田無失点 反撃待つが

オリックス	0	0	0	2	0	0	0	0	0	2
東北楽天	0	0	1	0	0	0	0	0	0	1

（21,205人）

岡島適時打 先手取った ／ １死満塁で ＪＭ砲凡退 ／ 打線音無し 競り負ける

辛島7回2失点

[勝]ディクソン20試合７勝７敗
[S]平野佳51試合２勝５敗24Ｓ
[敗]辛島７試合２勝３敗

東北楽天は打線がつながらず、連勝は３でストップした。優勝へのマジックナンバーは「12」のまま。三回２死三塁から岡島の左前打で先制したが、四回に逆転を許した。１－２の六回は１死満塁の好機で、ジョーンズとマギーに一打が出ず、７回２失点の好投を見せた先発辛島を援護できなかった。

オリックスは四回に糸井と李大浩の連続適時打で２－１。継投も決まって連敗を４で止めた。

六回、ジョーンズが三振に倒れる

9.17 vs. ソフトバンク 7－5

東北楽天－ソフトバンク21回戦（東北楽天11勝10敗）
◇Kスタ宮城（18時1分）（16,863人）

則本2死後先制点許す／制球に甘さ失点重ねる／長谷部抑え則本14勝目

ソフトバンク	0	0	1	2	0	0	2	0	0	5
東北楽天	0	0	0	0	5	2	0	0	X	7

満塁の好機後が続かず／闘将マギー逆転満塁弾／あっさりと攻撃終える

楽天 マジック9

勝則本24試合14勝7敗
S長谷部16試合1勝2S
敗寺原14試合4勝6敗
本マギー26号④（寺原）ペーニャ1号②（則本）

東北楽天は逆転勝ちで優勝へのマジックナンバーを「9」に減らした。打線は0—3の五回、藤田の適時打で1点を返し、さらにマギーの26号満塁本塁打で逆転。六回には岡島の適時三塁打、藤田の適時打で2点を加えた。先発則本は8回5失点ながら打線の援護を受け、14勝目を挙げた。

ソフトバンクは3連勝でストップ。先発寺原は6回7失点で6敗目。

五回、藤田が先制適時打

五回、満塁本塁打を放ったマギー

9.18 vs. ソフトバンク 10－11

東北楽天－ソフトバンク22回戦（11勝11敗）
◇Kスタ宮城（18時）（17,667人）

ハウ上々の立ち上がり／油断した？一発浴びる／継投が失敗試合壊した

ソフトバンク	0	0	0	0	2	0	3	2	4	11
東北楽天	3	1	1	0	3	0	0	0	2	10

ジョーンズ豪快3ラン／走者一掃の松井二塁打／首位の意地粘り見せた

ハウザー6回2失点

勝金沢26試合2勝
Sファルケンボーグ38試合2敗10S
敗長谷部17試合1勝1敗2S
本ジョーンズ24号③（武田）細川5号②（ハウザー）江川12号②（青山）

東北楽天が逆転負け。先発ハウザーは6回2失点と好投したが、七回以降は救援陣が点差を詰められ、8—7の九回に長谷部が4安打などで4点を失った。打線は一回にジョーンズの3ランで先制。五回には松井の適時二塁打で3点を奪った。九回1死満塁からジョーンズの二塁打で1点差まで迫ったが及ばなかった。

ソフトバンクは終盤に打線がつながり、2位に浮上した。

九回、適時打を浴びた長谷部

9.19 vs. ソフトバンク 3－2

東北楽天－ソフトバンク23回戦（東北楽天12勝11敗）
◇Kスタ宮城（18時1分）（19,525人）

走者出すも美馬しのぐ／得点直後に悔しい失点／青山打たれ振り出しに

ソフトバンク	0	0	0	0	0	1	0	1	0	2
東北楽天	0	0	0	0	2	0	0	0	1x	3

1四球のみ二塁踏めず／岡島と藤田連続適時打／伊志嶺殊勲サヨナラ打

楽天マジック7

勝青山54試合3勝4敗11S
敗五十嵐47試合2勝3敗11S

東北楽天が今季4度目のサヨナラ勝ちで、優勝へのマジックナンバーを「7」とした。2—1の八回に同点とされたが、九回1死から松井が二塁打で出塁し、伊志嶺が決勝の右前打を放った。先発美馬は7回1失点。六回まで毎回走者を出しながら最少失点にしのいだ。2番手青山が3勝目。

ソフトバンクは八回、連打で追い付いたが、九回から登板した五十嵐が誤算だった。

九回、伊志嶺がサヨナラ打

9.21 vs. 日本ハム 7－3

日本ハム－東北楽天21回戦（東北楽天13勝8敗）
◇札幌ドーム（14時1分）（37,992人）

1四球のみ打線が沈黙／守乱に乗じすぐに逆転／敵失絡めて点を加える

東北楽天	0	0	0	2	0	0	1	0	4	7
日本ハム	0	0	1	0	0	0	0	0	2	3

満塁で田中適時打許す／被安打は1隙を与えず／継投して○田中22勝目

楽天逆転 M6

勝田中25試合22勝
敗吉川24試合7勝14敗

東北楽天が逆転勝ち。このカードの勝ち越しを決め、優勝へのマジックナンバーを「6」とした。

先発田中は8回1失点の好投で、開幕からの連勝を22に伸ばした。打線は0—1の四回に枡田の右前打などで試合をひっくり返し、七、九回にも安打に敵失を絡めて追加点を挙げた。

日本ハムは先発吉川が好投したが、要所で守りが乱れたのが響いた。

八回、ガッツポーズで戻る田中

9.22 vs. 日本ハム 15－1

日本ハム－東北楽天22回戦（東北楽天14勝8敗）
◇札幌ドーム（14時1分）（41,071人）

4安打集め一挙に5点／AJ弾など中押し2点／AJ二塁打ダメ押しだ

東北楽天	0	5	0	0	2	0	5	0	3	15
日本ハム	0	0	0	0	1	0	0	0	0	1

2死一二塁後続を断つ／2死一三塁適時打許す／7回1失点辛島3勝目

聖沢 2点適時打

勝辛島8試合3勝3敗
敗ケッペル8試合2勝5敗
本ジョーンズ25号①（谷元）

東北楽天は大勝し3位以内が確定。4年ぶりのCS進出を決めた。優勝へのマジックは「5」。打線は二回、聖沢の2点適時打など4長短打を集め一挙5点を先取。五回はジョーンズの25号ソロ、枡田の適時打で2点を加えた。七回にはジョーンズの2点二塁打などで計5点、九回も3点を挙げた。先発辛島は7回1失点で3勝目。

日本ハムは投手陣が崩れ3連敗。

七回、ジョーンズの適時二塁打

9.23 vs. 日本ハム 5－0

日本ハム－東北楽天23回戦（東北楽天15勝8敗）
◇札幌ドーム（14時）（27,535人）

打者9人で一気に4点／伊志嶺会心プロ1号弾／走者出せず追加点なく

東北楽天	0	0	4	0	0	1	0	0	0	5
日本ハム	0	0	0	0	0	0	0	0	0	0

初先発宮川1四球のみ／1死一二塁得点許さず／金刃と青山零封リレー

楽天 最多78勝、M3

勝宮川16試合2勝
敗木佐貫23試合9勝7敗
本伊志嶺1号①（多田野）

東北楽天は4連勝で球団の1シーズン最多記録となる78勝に到達。優勝へのマジックを「3」に減らした。プロ初先発の宮川は立ち上がりから直球、変化球のコンビネーションがさえ、7回1安打無失点で2勝目を挙げた。打線は三回、銀次の2点二塁打、ジョーンズの2点適時打で4点を先取。六回は伊志嶺のプロ1号ソロで突き放した。

日本ハムは投打に精彩を欠き4連敗。

今季2勝目を挙げた初先発の宮川

9.24 vs. 西武 3－4

西武－東北楽天20回戦（西武10勝８敗２分）

◇西武ドーム（18時２分）

１安打のみ糸口がなく　銀次二塁打後が続かず　枡田同点弾振り出しに

東北楽天	0	0	0	0	0	0	2	0	1	3
西　武	0	0	0	0	0	0	0	3	1x	4

（19,621人）

走者出すも後続を断つ　続く無失点則本が粘る　青山打たれサヨナラ●

青山 サヨナラ打喫す

勝サファテ50試合６勝１敗10Ｓ
敗青山56試合３勝５敗11Ｓ
本マギー27号①（十亀）枡田８号①（サファテ）

東北楽天はサヨナラ負けを喫し、連勝は４で止まった。優勝へのマジックナンバーは「3」のまま。３－３の九回１死から、青山が鬼崎に左中間三塁打を許し、続くヘルマンに決勝の左前打を浴びた。打線は七回にマギーのソロと嶋の二塁打で２点を先取。１点を追う九回は枡田の中越えソロで追い付いた。先発則本は七回まで無失点と好投したが、疲れの見えた八回に３失点した。

西武は終盤に粘りを発揮した。

四回、一塁から二塁に向かう銀次

9.25 vs. 西武 2－4

西武－東北楽天21回戦（西武11勝８敗２分）

◇西武ドーム（18時）

銀次２点打先手取った　２死一三塁一本が出ず　継投の前に追加点なく

東北楽天	0	0	2	0	0	0	0	0	0	2
西　武	0	0	0	0	0	1	0	1	2x	4

（20,332人）

ハウザーが危険球退場　連続長短打小山伸失点　連夜の悪夢サヨナラ●

継投陣 踏ん張れず

勝サファテ51試合７勝１敗10Ｓ
敗加藤大４試合１敗
本片岡３号②（加藤大）

東北楽天は２試合連続のサヨナラ負け。２位ロッテが敗れ、優勝へのマジックナンバーは「2」となった。三回に銀次の２点適時打で先行したが、六回に３番手小山伸が連打で失点、八回には長谷部が打たれ追い付かれた。九回は６番手加藤大が２死二塁から片岡に左翼席へ２ランを浴びた。先発ハウザーは一回２死で危険球退場。福山が好投したが、３番手以降が踏ん張れなかった。

西武は３位ソフトバンクとのゲーム差を１に縮めた。

サヨナラ2ランを浴びた加藤大

9.26 vs. 西武 4－3

西武－東北楽天22回戦（西武11勝９敗２分）

◇西武ドーム（18時１分）

押し出しで先制したぞ　１死二三塁後続が凡退　２死満塁でＡＪ逆転打

東北楽天	1	0	0	0	0	0	3	0	0	4
西　武	0	0	1	1	1	0	0	0	0	3

（27,869人）

美馬が被弾追い付かれ　またも被弾リード許す　田中が締め初Ｖ決めた

楽天 パ初優勝

勝ハウザー20試合２勝１敗
Ｓ田中26試合22勝１Ｓ
敗野上25試合８勝７敗
本鬼崎２号①（美馬）秋山12号①（美馬）

東北楽天が逆転勝ちで初優勝を決めた。一回に押し出し四球で先制したものの、先発美馬が２発を浴びるなどして五回までに１－３とされた。だが七回に四球と２安打などで２死満塁とし、ジョーンズが右中間へ走者一掃の二塁打を放ち一気に逆転した。守ってはハウザー、斎藤とつなぎ、九回は田中が１死二、三塁のピンチをしのいで逃げ切った。

西武は救援の野上が崩れて連勝が４で止まった。

最後の打者を三振に仕留めた田中

9.27 vs. ロッテ 0－6

ロッテ－東北楽天23回戦（東北楽天14勝９敗）

◇QVCマリンフィールド（18時15分）

二日酔い？淡泊な攻め　同点の好機後が続かず　継投３人にかわされる

東北楽天	0	0	0	0	0	0	0	0	0	0
ロッテ	0	0	0	1	0	4	0	1	X	6

（18,421人）

走者出すが川井しのぐ　守りに乱れ悔しい失点　３番手福山適時打許す

川井 5回1失点

勝松永57試合４勝１敗１Ｓ
敗川井６試合３勝２敗
本サブロー４号②（加藤大）

東北楽天は攻守に元気がなく零封負け。

先発川井は四回に連打などで先制されたが、５回１失点でしのいだ。六回に２番手加藤大が守備の乱れとサブローの２ランなどで４点を失い、突き放された。３番手福山も粘れなかった。打線は散発５安打で無得点に終わった。

ロッテの松永は６回を４安打無失点で８月30日以来の４勝目。

9.29 vs. ソフトバンク 0－5

ソフトバンク－東北楽天最終戦（12勝12敗）

◇ヤフオクドーム（18時２分）

１死一二塁藤田併殺打　走者出すも走塁にミス　２死満塁で銀次は凡退

東北楽天	0	0	0	0	0	0	0	0	0	0
ソフトバンク	0	1	1	0	0	1	0	2	X	5

（37,519人）

先発の辛島ソロ食らう　１死二塁で追加点許す　救援小山伸抑え切れず

楽天 また零封負け

勝東浜４試合２勝１敗
敗辛島９試合３勝４敗
本柳田10号①（辛島）

東北楽天は２試合連続の零封負け。

先発辛島は七回途中10安打３失点。要所で粘り強さを発揮したが、序盤でリードを許し、リズムをつかみ切れなかった。八回は２番手小山伸がつかまった。打線は８安打を放ちながらも４併殺のまずい攻めが響いて無得点。

ソフトバンクの先発東浜は６回途中無失点で２勝目を挙げた。

9.30 vs. オリックス 0－0

オリックス－東北楽天21回戦（東北楽天14勝６敗１分）

◇京セラドーム大阪（18時１分）

２死満塁も岡島は凡退　嶋、聖沢が好機で三振　岡島二塁打後が続かず　勝ち越し機一本が出ず

東北楽天	0	0	0	0	0	0	0	0	0	0	0	0	0
オリックス	0	0	0	0	0	0	0	0	0	0	0	0	0

（14,098人）延長12回

１死一三塁後続を断つ　長谷部救援中軸抑える　２死満塁を青山しのぐ　５人目福山粘りの投球

5投手 踏ん張る

東北楽天は延長十二回の末、今季３度目の引き分け。

打線はオリックス先発の金子に九回まで11三振を喫し散発５安打に抑えられた。延長十、十一回の勝ち越し機にもオリックス救援陣を打ち崩せなかった。先発ダックワースは五回無失点と好投、後を継いだ４投手も粘り強い投球でしのいだ。

オリックスは延長十一回サヨナラの好機に一本が出なかった。

10.1 vs. 日本ハム 11－2

日本ハム－東北楽天最終戦（東北楽天16勝８敗）

◇札幌ドーム（18時）

２度の満塁着実に得点　また適時打嶋が４打点　無死一三塁３連続三振

東北楽天	1	0	6	0	2	2	0	0	0	11
日本ハム	1	1	0	0	0	0	0	0	0	2

（24,661人）

苦しい投球先手取られ　尻上がりだ走者許さず　無失点継投田中23連勝

楽天 3回打者一巡

勝田中27試合23勝１Ｓ
敗トーマス３試合２敗

東北楽天は大勝し、80勝に到達した。先発田中は６回２失点で開幕23連勝を達成。二回までに２点を失ったが、三回以降は追加点を許さなかった。打線は１－２の三回、ジョーンズと嶋がいずれも満塁の場面で走者一掃の二塁打を放つなど、打者一巡の猛攻で一挙６点を奪い逆転。五、六回にも２点ずつを加えた。

日本ハムは東北楽天戦７連敗。先発トーマスが三回途中７失点と試合をつくれなかった。

10.3 vs. ロッテ 6－7

東北楽天ーロッテ最終戦（東北楽天14勝10敗）
◇Kスタ宮城（18時）

2死一二塁3ラン喫す／押し出しで痛い1失点／救援加藤大制球に泣く

ロッテ	1	3	0	0	1	0	0	2	0	7
東北楽天	0	3	0	0	1	1	1	0	0	6

（22,254人）

4安打3点追いすがる／阿部適時打追い付いた／伊志嶺犠飛勝ち越した

3人目加藤大 逆転許す

[勝]レデズマ24試合3勝2敗
[S]内24試合1勝2S
[敗]加藤大6試合2敗
[本]清田3号③（ハウザー）

東北楽天が競り負けた。先発ハウザーが序盤からつかまり、二回までに4失点。打線は二回に嶋の適時打などで3点を返し、六回には5ー5の同点とした。七回に伊志嶺の犠飛で1点を勝ち越したが、加藤大が乱調で八回に逆転を許した。

ロッテは4点差を追い付かれたが、5ー6の八回に根元の犠飛と押し出し四球で試合をひっくり返した。

八回、降板する3番手の加藤大

10.4 vs. 西武 4－6

東北楽天ー西武23回戦（西武12勝9敗2分）
◇Kスタ宮城（18時）

美馬降板後先制される／と思ったら継投が失敗／救援の3人粘投無失点

西武	0	0	4	1	0	1	0	0	0	6
東北楽天	0	0	3	1	0	0	0	0	0	4

（16,577人）

AJ3ラン反撃の号砲／諦めないぞ森山適時打／最後は併殺ホーム連敗

継投決まらず

[勝]野上29試合11勝7敗
[S]涌井43試合5勝7敗5S
[敗]美馬18試合6勝5敗
[本]ジョーンズ26号③（岡本洋）

東北楽天が競り合いを落とし、西武戦の負け越しが決まった。

先発美馬は三回途中に右肘の違和感を訴え降板。緊急登板した福山が1死満塁から浅村の3点二塁打などで4点を奪われ、以降の継投も決まらなかった。打線は三回にジョーンズの3ランなどで反撃したが、及ばなかった。

西武は6投手の継投で逃げ切り、5連勝。

三回、ジョーンズが26号3ラン

10.5 vs. 西武 1－2

東北楽天ー西武最終戦（西武13勝9敗2分）
◇Kスタ宮城（14時）

毎回走者も宮川が粘る／犠飛打たれ振り出しに／中村に一発則本が被弾

西武	0	0	0	1	0	0	0	0	1	2
東北楽天	0	1	0	0	0	0	0	0	0	1

（22,581人）

伊志嶺犠飛先制したぞ／3人ずつで料理される／2死一三塁一本が出ず

楽天 競り負け3連敗

[勝]岸26試合11勝5敗
[S]涌井44試合5勝7敗6S
[敗]則本26試合14勝8敗
[本]中村4号①（則本）

東北楽天は競り負け3連敗を喫した。1ー1で迎えた九回、3番手則本が中村に左中間へ決勝の4号ソロを浴びた。打線は二回1死満塁から伊志嶺の左犠飛で先制したが、三回以降は西武の岸に抑えられ追加点を奪えなかった。先発宮川は4回1失点。2番手辛島は3回無失点。

西武は6連勝でクライマックスシリーズ進出を決めた。岸は8回1失点で自身9連勝の11勝目。九回は涌井が締めた。

九回、本塁打を浴びた則本

10.8 vs. オリックス 7－3

東北楽天ーオリックス22回戦（東北楽天15勝6敗1分）
◇Kスタ宮城（18時1分）

2死一三塁重盗で失点／3人で料理いいリズム／4人目斎藤完璧な抑え

オリックス	1	1	0	0	0	0	0	1	0	3
東北楽天	1	0	6	0	0	0	0	0	X	7

（19,433人）

打者12人で一挙に6点／2死一二塁後が続かず／攻め疲れ？打線は沈黙

好投7回2失点

[勝]田中28試合24勝1S
[敗]マエストリ24試合7勝5敗

東北楽天が快勝。先発田中は7回4安打2失点（自責点1）の好投で、開幕からの連勝記録を24に伸ばした。一、二回に1点ずつを失ったが、三回以降は追加点を許さなかった。打線は1ー2の三回、二死満塁から枡田が2点二塁打を放つなど打者12人の猛攻で一挙6点を奪い、試合の主導権を握った。

オリックスは投手陣が踏ん張れなかった。

今季無敗で24勝目を挙げた田中

10.12 vs. オリックス 4－1

東北楽天ーオリックス23回戦（東北楽天16勝6敗1分）
◇Kスタ宮城（14時）

2度の盗塁嶋が刺した／先発の役割則本果たす／3人で継投反撃かわす

オリックス	0	0	0	0	0	0	1	0	0	1
東北楽天	0	0	3	0	0	1	0	0	X	4

（12,082人）

4長短打でミルズKO／聖沢適時打追加点奪う／走者出すも後が続かず

楽天 接戦制し連勝

[勝]則本27試合15勝8敗
[S]長谷部24試合1勝1敗3S
[敗]ミルズ1試合1敗

東北楽天は競り勝ち2連勝。先発則本は5回無失点で15勝目。六回以降は4投手の継投で反撃を1点にとどめた。打線は三回、銀次の左犠飛やジョーンズとマギーの連続適時打で3点を先取。六回には聖沢の適時打で1点を加えた。

オリックスは今季初登板の先発ミルズが三回途中3失点と試合をつくれなかった。

三回、マギーの適時打などで先制

10.13 vs. オリックス 4－10

東北楽天ーオリックス最終戦（東北楽天16勝7敗1分）
◇Kスタ宮城（13時）

2死一二塁辛島粘った／高めの直球2ラン喫す／救援陣崩れ大量点許す

オリックス	0	0	0	2	0	0	3	2	3	10
東北楽天	0	0	0	1	0	3	0	0	0	4

（16,966人）

1死一二塁中軸が凡退／走者一掃の松井逆転打／走者出すも追加点なく

松井が3点二塁打

[勝]金子29試合15勝8敗
[敗]ハウザー22試合2勝2敗
[本]T―岡田4号②（辛島）マギー28号①（金子）竹原1号②（ハウザー）

東北楽天は投手陣が粘れず、今季最終戦を飾れなかった。先発辛島は四回、T―岡田に先制2ランを浴びた。2番手ハウザーは4ー2の七回、代打竹原の2ランなどで3失点し逆転を許した。八回は福山、九回は釜田がそれぞれ失点した。打線は1ー2の六回に松井の中越え3点二塁打でいったんは逆転したが、以降は好機に一打を欠いた。

オリックスの先発金子は7回4失点で15勝目を挙げた。

四回、2ランを浴びた先発・辛島

選手名鑑

PLAYER'S GUIDE 2013

＜プロフィルの見方＞ 赤い数字は背番号、名前の後は血液型。①ことし迎える満年齢(生年月日)②出身地 ③身長(センチ)体重(キロ)④投打 ⑤球歴(Dはドラフト、高は高校生、大社は大学・社会人)⑥昨シーズンまでの通算成績(出場試合、投手は勝敗セーブ、防御率。野手は打率、本塁打、打点、盗塁)⑦年俸(単位万円、推定)

COACHING STAFF 監督・スタッフ

87 【2軍野手コーチ】
益田 大介
(ますだ・だいすけ)

O型
①40(73･9･27)
②兵庫県
③182、82
④右左
⑤龍谷大—中日—近鉄—東北楽天(05—06引退、13)

81 【2軍打撃コーチ】
沖原 佳典
(おきはら・よしのり)

A型
①41(72･7･27)
②愛媛県
③178、78
④右右
⑤愛媛・西条高—亜大—NTT東日本—阪神—東北楽天(05—08引退、13)

71 【1軍投手コーチ】
佐藤 義則
(さとう・よしのり)

O型
①59(54･9･11)
②北海道
③181、86
④右右
⑤日大—阪急・オリックス(98引退、99)—阪神—日本ハム—東北楽天(09)

75 【2軍チーフ投手コーチ】
酒井 勉
(さかい・つとむ)

A型
①50(63･6･27)
②千葉県
③181、76
④右右
⑤東海大—日立製作所—オリックス(96引退、01)—東北楽天(12)

72 【1軍投手コーチ ブルペン担当】
森山 良二
(もりやま・りょうじ)

A型
①50(63･7･20)
②福岡県
③183、87
④右右
⑤福岡大大濠高—北九州大中退—ONOフーヅ—西武—横浜(95引退、96)—西武—独立リーグ監督—東北楽天(10)

PITCHER 投手

00 【投手】
星野 智樹
(ほしの・ともき)

B型
①36(77･7･29)
②三重県
③179、73 ④左左
⑤三重・四日市工高—プリンスホテル—西武(99D3位)—東北楽天(13) ⑥445試合14勝14敗3S、3.76
⑦1000

84 【2軍投手コーチ】
高村 祐
(たかむら・ひろし)

A型
①44(69･9･2)
②栃木県
③177、82
④右右
⑤法大—近鉄—東北楽天(05引退、07)

70 【1軍バッテリーコーチ】
三輪 隆
(みわ・たかし)

A型
①44(69･12･1)
②千葉県
③179、88
④右右
⑤明大—神戸製鋼—オリックス(04引退、05)—東北楽天(11)

77 【監督】
星野 仙一
(ほしの・せんいち)

O型
①66歳(47･1･22)
②岡山県
③180、83
④右右
⑤明大—中日(82引退、87)—阪神—東北楽天(11)

11 【投手】
塩見 貴洋
(しおみ・たかひろ)

A型
①25(88･9･6)
②大阪府
③182、77
④左左
⑤愛媛・帝京五高—八戸大—東北楽天(11D1位)
⑥43試合15勝19敗0S、3.20
⑦2900

79 【2軍バッテリーコーチ】
大石 知宜
(おおいし・ともよし)

A型
①59(54･1･15)
②徳島県
③179、78
④右右
⑤神奈川大—河合楽器—西武—中日(91引退、92)—西武—ダイエー・ソフトバンク—西武—東北楽天(12)

73 【1軍内野守備走塁コーチ】
鈴木 康友
(すずき・やすとも)

O型
①54(59･7･6)
②奈良県
③180、83 ④右右
⑤奈良・天理高—巨人—西武—中日—西武(92引退、93)—巨人—オリックス—独立リーグ—西武—東北楽天(12)

80 【1軍チーフコーチ】
仁村 徹
(にむら・とおる)

AB型
①52(61･12･26)
②埼玉県
③182、92
④右右
⑤東洋大—中日—ロッテ(97引退)—中日(98)—東北楽天(10)

14 【投手】
則本 昂大
(のりもと・たかひろ)

A型
①23(90･12･17)
②滋賀県
③178、81
④右左
⑤滋賀・八幡商高—三重中京大—東北楽天(13D2位)
⑥—
⑦1200

86 【2軍内野守備走塁コーチ】
小坂 誠
(こさか・まこと)

O型
①40(73･7･2)
②宮城県山元町
③167、63
④右左
⑤宮城・柴田高—JR東日本東北—ロッテ—巨人—東北楽天(09—10引退、11)

76 【1軍外野守備走塁コーチ】
米村 理
(よねむら・おさむ)

O型
①54(59･4･3)
②奈良県
③184、86
④右右
⑤奈良・郡山高—阪急(88引退)—オリックス(91)—横浜—東北楽天(12)

82 【1軍打撃コーチ】
田代 富雄
(たしろ・とみお)

O型
①59(54･7･9)
②神奈川県
③184、88
④右右
⑤神奈川・藤沢商高—大洋・横浜(91引退、97)—韓国・SK—東北楽天(12)

15 【投手】
藤原 紘通
(ふじわら・ひろみち)

AB型
①28(85･1･15)
②長崎県
③177、78 ④左左
⑤長崎南山高—福岡大—NTT西日本—東北楽天(09D1位)
⑥22試合6勝8敗0S、5.22
⑦975

83 【2軍外野守備走塁コーチ】
礒部 公一
(いそべ・こういち)

A型
①39(74･3･12)
②広島県
③174、82
④右左
⑤広島・西条農高—三菱重工広島—近鉄—東北楽天(05—09引退、10)

95 【2軍監督】
大久保 博元
(おおくぼ・ひろもと)

B型
①46(67･2･1)
②茨城県
③181、97
④右右
⑤茨城・水戸商高—西武—巨人(95引退)—西武(08)—東北楽天(12)

89 【1軍打撃コーチ補佐】
平石 洋介
(ひらいし・ようすけ)

A型
①33(80･4･23)
②大分県
③175、75
④左左
⑤同志社大—トヨタ自動車—東北楽天(11引退、12)

47 【投手】
大塚 尚仁
（おおつか・たかひと）

A型
①19（94·10·13）
②福岡県
③175、72
④左左
⑤熊本・九州学院高—東北楽天（13D3位）
⑥—
⑦600

38 【投手】
橋本 義隆
（はしもと・よしたか）

A型
①34（79·12·6）
②岡山県
③181、85 ④右右
⑤岡山学芸館高—中大—ホンダ—日本ハム（05D3巡目）—ヤクルト（08）—東北楽天（12）
⑥98試合5勝5敗0S、3.62 ⑦1000

24 【投手】
高堀 和也
（たかほり・かずや）

A型
①26（87·6·11）
②富山県
③183、70 ④右右
⑤富山・砺波工高—三菱自動車岡崎—東北楽天（10D4位）
⑥13試合3勝0敗0S、1.15
⑦1200

16 【投手】
森 雄大
（もり・ゆうだい）

AB型
①19（94·8·19）
②福岡県
③184、75
④左左
⑤東福岡高—東北楽天（13D1位）
⑥—
⑦840

49 【投手】
井上 雄介
（いのうえ・ゆうすけ）

O型
①27（86·9·5）
②千葉県
③182、85
④右右
⑤千葉経大付高—青学大—東北楽天（09D4位）
⑥9試合1勝1敗0S、9.28
⑦930

40 【投手】
土屋 朋弘
（つちや・ともひろ）

O型
①28（85·8·18）
②和歌山県
③178、70 ④右右
⑤和歌山・箕島高—名商大—シティライト岡山—東北楽天（10D5位）
⑥17試合1勝0敗0S、3.04
⑦840

26 【投手】
金刃 憲人
（かねと・のりひと）

B型
①29（84·4·10）
②兵庫県
③177、82 ④左左
⑤兵庫・市尼崎高—立命大—巨人（07希望枠）—東北楽天（13）
⑥81試合11勝12敗0S、4.24
⑦1800

17 【投手】
ラズナー
（ダレル・ラズナー）

①32（81·1·13）
②米ネバダ州
③191、95 ④右右
⑤ネバダ大—エキスポズ—ナショナルズ—ヤンキース—東北楽天（09）
⑥121試合13勝25敗23S、4.27
⑦6500

53 【投手】
ハウザー
（ジム・ハウザー）

①29（84·3·30）
②米イリノイ州
③195、95 ④左左
⑤イリノイバレーコミュニティー大—アスレチックス2A—米独立リーグなど—東北楽天（12）
⑥58試合1勝2敗1S、3.17
⑦1700

41 【投手】
青山 浩二
（あおやま・こうじ）

B型
①30（83·8·12）
②北海道
③180、80 ④右右
⑤北海道・函館工高—八戸大—東北楽天（06大社D3巡目）
⑥290試合24勝33敗34S、3.92
⑦9000

28 【投手】
片山 博視
（かたやま・ひろし）

A型
①26（87·4·19）
②兵庫県
③191、95
④左左
⑤兵庫・報徳学園高—東北楽天（06高D1巡目）
⑥171試合5勝14敗0S、3.12
⑦3400

18 【投手】
田中 将大
（たなか・まさひろ）

A型
①25（88·11·1）
②兵庫県
③188、93 ④右右
⑤北海道・駒大苫小牧高—東北楽天（07高D1巡目）
⑥147試合75勝35敗2S、2.50
⑦40000

54 【投手】
加藤 大輔
（かとう・だいすけ）

B型
①33（80·7·27）
②福岡県
③179、93 ④右右
⑤福岡・九州国際大付高—神奈川大—オリックス（03D自由枠）—東北楽天（12）
⑥394試合22勝26敗87S、3.62 ⑦3200

42 【投手】
レイ
（ケニー・レイ）

①39（74.11.27）
②米
③188、92
④右右
⑤ロイヤルズなど—メキシカンリーグ—東北楽天（13）
⑥—
⑦1500

30 【投手】
永井 怜
（ながい・さとし）

A型
①29（84·9·27）
②群馬県
③178、72 ④右右
⑤群馬・東農大二高—東洋大—東北楽天（07大社D1巡目）
⑥139試合41勝39敗0S、3.65
⑦4900

20 【投手】
長谷部 康平
（はせべ・こうへい）

A型
①28（85·5·21）
②岐阜県
③173、70 ④左左
⑤愛知・杜若高—愛知工大—東北楽天（08大社D1巡目）
⑥55試合10勝17敗0S、6.04
⑦1200

57 【投手】
小山 伸一郎
（こやま・しんいちろう）

O型
①35（78·6·13）
②三重県
③180、90 ④右右
⑤三重・明野高—中日（97D1位）—東北楽天（05）
⑥425試合26勝32敗36S、3.81
⑦12000

44 【投手】
斎藤 隆
（さいとう・たかし）

O型 ①43（70·2·14）
②仙台市 ③188、90
④右左 ⑤宮城・東北高—東北福祉大—大洋・横浜（92D1位）—ドジャース—レッドソックス—ブレーブス—ブルワーズ—Dバックス—東北楽天（13）
⑥339試合87勝80敗48S、3.80 ⑦3000

31 【投手】
美馬 学
（みま・まなぶ）

O型
①27（86·9·19）
②茨城県
③169、75 ④右左
⑤茨城・藤代高—中大—東京ガス—東北楽天（11D2位）
⑥46試合10勝11敗0S、3.08
⑦3100

21 【投手】
釜田 佳直
（かまた・よしなお）

A型
①20（93·10·26）
②石川県
③177、78
④右右
⑤石川・金沢高—東北楽天（12D2位）
⑥20試合7勝4敗0S、3.28
⑦2000

58 【投手】
辛島 航
（からしま・わたる）

A型
①23（90·10·18）
②福岡県
③173、72
④左左
⑤福岡・飯塚高—東北楽天（09D6位）
⑥30試合8勝6敗0S、3.05
⑦2200

45 【投手】
川井 貴志
（かわい・たかし）

A型
①37（76·9·16）
②大阪府
③180、84 ④左左
⑤大阪桐蔭高—城西大—ロッテ（99D3位）—東北楽天（06）
⑥283試合24勝25敗0S、4.42
⑦2000

34 【投手】
武藤 好貴
（むとう・よしたか）

O型
①26（87·7·22）
②北海道
③178、74 ④右右
⑤北海道・札幌藻岩高—中京大—JR北海道—東北楽天（12D1位）
⑥9試合0勝0敗0S、5.14
⑦1200

22 【投手】
戸村 健次
（とむら・けんじ）

B型
①26（87·10·20）
②埼玉県
③185、76
④右右
⑤埼玉・立教新座高—立大—東北楽天（10D1位）
⑥21試合3勝6敗0S、4.47
⑦1500

3 【内野手】マギー
(ケーシー・マギー)

①31(82·10·12)
②米カリフォルニア州
③185、99
④右右
⑤フレズノ州立大—カブス—ブルワーズ—パイレーツ—ヤンキース—東北楽天(13)
⑥—
⑦10000

39 【捕手】下妻 貴寛
(しもつま・たかひろ)

B型
①19(94·4·15)
②酒田市
③186、86
④右右
⑤山形・酒田南高—東北楽天(13D4位)
⑥—
⑦600

122 【投手】加藤 貴大
(かとう・たかひろ)

B型
①26(87·12·13)
②神奈川県
③179、78
④右右
⑤東京・八王子高—明治学院大—BCリーグ・富山—東北楽天(11育成D1位)
⑥— ⑦250

59 【投手】菊池 保則
(きくち・やすのり)

O型
①24(89·9·18)
②茨城県
③180、80
④右左
⑤茨城・常磐大高—東北楽天(08高D4巡目)
⑥8試合2勝3敗0S、4.12
⑦720

4 【内野手】高須 洋介
(たかす・ようすけ)

B型
①37(76·2·9)
②佐賀県
③170、73 ④右右
⑤石川・金沢高—青学大—近鉄(98D2位)—東北楽天(05)
⑥1113試合、.270、本19、点328、盗67
⑦3750

48 【捕手】伊志嶺 忠
(いしみね・ただし)

AB型
①28(85·6·22)
②沖縄県
③178、78 ④右左
⑤沖縄・北谷高—東京情報大—東北楽天(08大社D3巡目)
⑥58試合、.209、本0、点8、盗1
⑦1100

134 【投手】木村 謙吾
(きむら・けんご)

A型
①21(92·4·20)
②塩釜市
③178、90
④左左
⑤仙台育英高—東北楽天(11育成D2位)
⑥—
⑦240

61 【投手】上園 啓史
(うえぞの・けいじ)

O型
①29(84·6·30)
②福岡県
③182、84 ④右右
⑤東福岡高—武蔵大—阪神(07大社D3巡目)—東北楽天(12)
⑥53試合15勝10敗0S、3.43
⑦1500

6 【内野手】藤田 一也
(ふじた・かずや)

O型
①31(82·7·3)
②徳島県
③175、75 ④右左
⑤徳島・鳴門一高—近大—横浜・DeNA(05D4巡目)—東北楽天(12)
⑥596試合、.272、本7、点86、盗19
⑦4300

52 【捕手】山本 大明
(やまもと・ひろあき)

A型
①25(88·6·10)
②大阪府
③183、90
④右右
⑤石川・尾山台高—東北楽天(07高D3巡目)
⑥—
⑦560

CATCHER
捕手

64 【投手】福山 博之
(ふくやま・ひろゆき)

B型
①24(89·3·27)
②島根県
③171、70 ④右右
⑤島根・大東高—大商大—横浜・DeNA(11D6位)—東北楽天(13)
⑥21試合0勝1敗0S、6.67
⑦600

7 【内野手】松井 稼頭央
(まつい・かずお)

O型
①38(75·10·23)
②大阪府 ③177、85
④右両 ⑤大阪・PL学園高—西武(94D3位)—メッツ—ロッキーズ—アストロズ—東北楽天(11) ⑥1404試合、.301、本168、点660、盗335 ⑦13000

65 【捕手】小山 桂司
(おやま・けいじ)

A型
①33(80·11·19)
②仙台市 ③175、85
④右右 ⑤秋田経法大付高—シダックス—日本ハム(06大社D5巡目)—中日(09)—東北楽天(12) ⑥194試合、.208、本2、点30、盗1
⑦2200

27 【捕手】岡島 豪郎
(おかじま・たけろう)

B型
①24(89·9·7)
②群馬県
③177、82 ④右左
⑤群馬・関東学園大付高—白鴎大—東北楽天(12D4位)
⑥43試合、.258、本2、点11、盗3
⑦1500

69 【投手】ダックワース
(ブランドン・ダックワース)

①37(76·1·23)
②米ユタ州 ③188、97
④右右 ⑤カリフォルニア州立大フラトン校—フィリーズ—アストロズ—パイレーツ3A—ロイヤルズ—フィリーズ3A—レッドソックス3A—東北楽天(12) ⑥6試合3勝1敗0S、3.22 ⑦3000

9 【内野手】阿部 俊人
(あべ・としひと)

AB型
①25(88·12·23)
②仙台市
③180、73 ④右左
⑤埼玉・花咲徳栄高—東北福祉大—東北楽天(11D3位)
⑥47試合、.232、本0、点2、盗1
⑦1200

INFIELDER
内野手

29 【捕手】小関 翔太
(こせき・しょうた)

B型
①22(91·9·6)
②福岡県
③181、81
④右右
⑤福岡・東筑紫学園高—東北楽天(10D3位)
⑥—
⑦560

90 【投手】宮川 将
(みやがわ・しょう)

A型
①23(90·10·19)
②大阪府
③184、87
④右右
⑤大阪・大体大浪商高—大体大—東北楽天(13育成D1位)
⑥—
⑦440

32 【内野手】枡田 慎太郎
(ますだ・しんたろう)

AB型
①26(87.7.8)
②京都府
③178、80
④右左
⑤奈良・智弁学園高—東北楽天(06高D4巡目)
⑥117試合、.269、本5、点39、盗1
⑦1900

2 【内野手】三好 匠
(みよし・たくみ)

A型
①20(93·6·7)
②福岡県
③174、75
④右右
⑤福岡・九州国際大付高—東北楽天(12D3位)
⑥—
⑦600

37 【捕手】嶋 基宏
(しま・もとひろ)

A型
①29(84·12·13)
②岐阜県
③179、82 ④右右
⑤愛知・中京大中京高—国学院大—東北楽天(07大社D3巡目)
⑥663試合、.250、本9、点128、盗27
⑦6000

103 【投手】井坂 亮平
(いさか・りょうへい)

A型
①29(84·10·19)
②茨城県
③186、75 ④右右
⑤茨城・藤代高—中大—住友金属鹿島—東北楽天(09D3位)
⑥37試合7勝12敗0S、4.96
⑦825

46 【外野手】鉄平
(土谷鉄平、つちや・てっぺい)

AB型
①31(82·12·27)
②大分県
③178、78 ④右左
⑤大分・津久見高—中日(01D5位)—東北楽天(06)
⑥885試合、.282、本40、点323、盗65
⑦8600

5 【外野手】牧田 明久
(まきだ・あきひさ)

A型
①31(82·6·3)
②福井県
③182、78 ④右右
⑤福井・鯖江高—近鉄(01D5位)—東北楽天(05)
⑥489試合、.247、本18、点110、盗19
⑦3800

66 【内野手】西村 弥
(にしむら・わたる)

A型
①30(83·9·8)
②沖縄県
③177、75 ④右両
⑤沖縄尚学高—東京情報大—東北楽天(06大社D5巡目)
⑥276試合、.179、本0、点13、盗8
⑦1500

33 【内野手】銀次
(赤見内銀次、あかみない・ぎんじ)

A型
①25(88·2·24)
②岩手県普代村
③174、78
④右左
⑤岩手・盛岡中央高—東北楽天(06高D3巡目)
⑥150試合、.272、本4、点51、盗9
⑦2200

50 【外野手】島井 寛仁
(しまい・ひろひと)

A型
①23(90·6·19)
②沖縄県
③175、70 ④右右
⑤沖縄・西原高—ビッグ開発ベースボールクラブ—熊本ゴールデンラークス—東北楽天(13D5位)
⑥— ⑦840

8 【外野手】中島 俊哉
(なかしま・としや)

O型
①33(80·6·10)
②福岡県
③180、80 ④右右
⑤福岡工大付高—九州国際大—オリックス(03D8巡目)—東北楽天(05) ⑥247試合、.272、本8、点47、盗3
⑦1620

67 【内野手】岩崎 達郎
(いわさき・たつろう)

O型
①29(84·12·28)
②神奈川県
③175、75 ④右右
⑤神奈川・横浜商大高—新日本石油ENEOS—中日(07大社D5巡目)
⑥204試合、.176、本1、点8、盗4
⑦1550

43 【内野手】小斉 祐輔
(こさい・ゆうすけ)

A型
①30(83·4·30)
②大阪府 ③178、88
④右左 ⑤大阪・PL学園高—東農大生産学部—ソフトバンク(06育成D1巡目)—東北楽天(12) ⑥109試合、.222、本5、点23、盗2
⑦1000

51 【外野手】柿沢 貴裕
(かきざわ・たかひろ)

A型
①19(94·7·30)
②鹿児島県
③179、80
④右左
⑤鹿児島・神村学園高—東北楽天(13D6位)
⑥—
⑦600

23 【外野手】聖沢 諒
(ひじりさわ・りょう)

B型
①28(85·11·3)
②長野県
③179、72 ④右左
⑤長野・松代高—国学院大—東北楽天(08大社D4巡目)
⑥530試合、.280、本12、点138、盗150
⑦9800

68 【内野手】仲沢 広基
(なかざわ・ひろき)

A型
①26(87·1·22)
②山梨県
③181、80
④右右
⑤山梨・東海大甲府—国際武道大—巨人(09D6位)—東北楽天(13)
⑥—
⑦500

55 【内野手】西田 哲朗
(にしだ・てつろう)

O型
①22(91·9·4)
②大阪府
③180、78
④右右
⑤大阪・関大一高—東北楽天(10D2位)
⑥21試合、.130、本0、点1、盗0
⑦700

63 【外野手】北川 倫太郎
(きたがわ・りんたろう)

B型
①20(93·6·21)
②大阪府
③184、80
④右左
⑤高知・明徳義塾高—東北楽天(12D5位)
⑥—
⑦600

25 【外野手】ジョーンズ
(アンドリュー・ジョーンズ)

①36(77·4·23)
②オランダ領キュラソー島
③185、101 ④右右
⑤セントポールズ高—ブレーブス—ドジャース—レンジャーズ—Wソックス—ヤンキース—東北楽天(13)
⑥— ⑦30000

99 【内野手】河田 寿司
(かわた・ひさし)

O型
①34(79·12·5)
②熊本県
③180、90 ④右左
⑤熊本・文徳高—三菱重工長崎—東北楽天(06大社D4巡目)
⑥39試合、.235、本0、点5、盗0
⑦910

56 【内野手】中川 大志
(なかがわ・たいし)

A型
①23(90·6·8)
②愛知県
③186、92
④右右
⑤愛知・桜丘高—東北楽天(09D2位)
⑥9試合、.103、本0、点2、盗0
⑦600

98 【外野手】川口 隼人
(かわぐち・はやと)

A型
①28(85·8·7)
②神奈川県
③168、70 ④右左
⑤山梨・大月短大付高—山梨学院大—滋賀・高島ベースボールクラブ東北楽天(11育成D3位)
⑥—
⑦440

35 【外野手】島内 宏明
(しまうち・ひろあき)

B型
①23(90·2·2)
②石川県
③180、76
④左左
⑤石川・星稜高—明大—東北楽天(12D6位)
⑥41試合、.299、本2、点17、盗1
⑦1200

OUTFIELDER
外野手

60 【内野手】勧野 甲輝
(かんの・こうき)

O型
①21(92·7·12)
②大阪府
③182、86
④右右
⑤大阪・PL学園高—東北楽天(11D5位)
⑥—
⑦590

133 【外野手】神保 貴宏
(じんぼ・たかひろ)

O型
①27(86·12·9)
②北海道
③174、76
④右右
⑤北海道栄高—平成国際大—トータル阪神—北海道トランシス—東北楽天(12育成D1位)
⑥— ⑦240

36 【外野手】榎本 葵
(えのもと・あおい)

O型
①21(92·7·24)
②神奈川県
③179、78
④左左
⑤福岡・九州国際大付高—東北楽天(11D4位)
⑥16試合、.158、本0、点0、盗0
⑦680

0 【外野手】森山 周
(もりやま・まこと)

O型
①32(81·8·11)
②兵庫県 ③179、74
④右左 ⑤兵庫・報徳学園高—大産大—ヤマハ—オリックス(06大社D4巡目)—東北楽天(13) ⑥290試合、.242、本0、点19、盗20
⑦1000

62 【内野手】定岡 卓摩
(さだおか・たくま)

O型
①27(86·10·17)
②福岡県
③180、85 ④右右
⑤福岡工大城東高—ソフトバンク(05D7巡目)—ロッテ(07)—東北楽天(12) ⑥16試合、.156、本0、点2、盗0
⑦600